+

1.   2 + 4 = ______

2.   5 + 5 = ______

3.   2 + 0 = ______

4.   1 + 2 = ______

5.   0 + 1 = ______

6.   4 + 4 = ______

7.   2 + 5 = ______

8.   5 + 1 = ______

9.   1 + 4 = ______

10.   5 + 4 = ______

11.   4 + 1 = ______

12.   3 + 4 = ______

13.   3 + 0 = ______

14.   5 + 3 = ______

15.   2 + 2 = ______

16.   0 + 4 = ______

17.   1 + 0 = ______

18.   5 + 0 = ______

19.   1 + 3 = ______

20.   3 + 2 = ______

21.   5 + 2 = ______

22.   1 + 5 = ______

23.   0 + 2 = ______

24.   4 + 2 = ______

25.   0 + 0 = ______

26.   4 + 3 = ______

27.   4 + 0 = ______

28.   2 + 3 = ______

29.   0 + 5 = ______

30.   2 + 1 = ______

31.   3 + 1 = ______

32.   1 + 1 = ______

33.   3 + 3 = ______

34.   3 + 5 = ______

35.   4 + 5 = ______

36	0 + 3 = _____	56	8 + 4 = _____
37	8 + 6 = _____	57	8 + 8 = _____
38	7 + 8 = _____	58	4 + 7 = _____
39	4 + 6 = _____	59	8 + 9 = _____
40	6 + 9 = _____	60	8 + 7 = _____
41	6 + 4 = _____	61	4 + 4 = _____
42	8 + 5 = _____	62	5 + 6 = _____
43	7 + 4 = _____	63	4 + 9 = _____
44	9 + 5 = _____	64	5 + 7 = _____
45	5 + 4 = _____	65	6 + 8 = _____
46	9 + 7 = _____	66	6 + 6 = _____
47	4 + 8 = _____	67	4 + 5 = _____
48	6 + 7 = _____	68	7 + 9 = _____
49	7 + 5 = _____	69	5 + 9 = _____
50	9 + 4 = _____	70	9 + 6 = _____
51	7 + 7 = _____	71	9 + 9 = _____
52	7 + 6 = _____	72	5 + 5 = _____
53	9 + 8 = _____	73	17 + 9 = _____
54	6 + 5 = _____	74	11 + 7 = _____
55	5 + 8 = _____	75	28 + 10 = _____

76	29 + 6 = _____		96	14 + 6 = _____
77	16 + 10 = _____		97	10 + 7 = _____
78	18 + 7 = _____		98	20 + 8 = _____
79	21 + 10 = _____		99	21 + 8 = _____
80	30 + 6 = _____		100	18 + 9 = _____
81	14 + 8 = _____		101	25 + 10 = _____
82	27 + 6 = _____		102	29 + 9 = _____
83	11 + 8 = _____		103	27 + 8 = _____
84	15 + 9 = _____		104	13 + 8 = _____
85	19 + 7 = _____		105	19 + 8 = _____
86	22 + 8 = _____		106	19 + 6 = _____
87	24 + 9 = _____		107	21 + 9 = _____
88	26 + 9 = _____		108	28 + 8 = _____
89	25 + 8 = _____		109	18 + 26 = _____
90	20 + 10 = _____		110	15 + 11 = _____
91	16 + 9 = _____		111	30 + 12 = _____
92	12 + 10 = _____		112	27 + 12 = _____
93	29 + 10 = _____		113	30 + 28 = _____
94	20 + 6 = _____		114	24 + 13 = _____
95	18 + 10 = _____		115	26 + 28 = _____

116	27 + 11 = _____		136	22 + 10 = _____
117	15 + 16 = _____		137	30 + 13 = _____
118	13 + 26 = _____		138	17 + 11 = _____
119	12 + 14 = _____		139	26 + 12 = _____
120	21 + 16 = _____		140	26 + 26 = _____
121	21 + 25 = _____		141	30 + 21 = _____
122	14 + 12 = _____		142	12 + 17 = _____
123	15 + 27 = _____		143	11 + 27 = _____
124	24 + 20 = _____		144	21 + 22 = _____
125	29 + 17 = _____		145	26 + 15 = _____
126	29 + 16 = _____		146	10 + 21 = _____
127	12 + 25 = _____		147	11 + 22 = _____
128	18 + 18 = _____		148	13 + 24 = _____
129	12 + 15 = _____		149	15 + 24 = _____
130	12 + 24 = _____		150	17 + 18 = _____
131	16 + 26 = _____		151	16 + 29 = _____
132	29 + 10 = _____		152	19 + 13 = _____
133	20 + 21 = _____		153	27 + 16 = _____
134	30 + 24 = _____		154	16 + 10 = _____
135	12 + 26 = _____		155	20 + 25 = _____

156	13 + 23 = _____	176	12 + 10 = _____
157	20 + 16 = _____	177	27 + 27 = _____
158	16 + 18 = _____	178	26 + 25 = _____
159	16 + 22 = _____	179	29 + 29 = _____
160	25 + 16 = _____	180	10 + 26 = _____
161	16 + 15 = _____	181	23 + 16 = _____
162	22 + 16 = _____	182	12 + 29 = _____
163	28 + 13 = _____	183	24 + 21 = _____
164	30 + 23 = _____	184	25 + 27 = _____
165	21 + 13 = _____	185	22 + 28 = _____
166	23 + 11 = _____	186	21 + 10 = _____
167	23 + 28 = _____	187	29 + 14 = _____
168	15 + 17 = _____	188	15 + 19 = _____
169	22 + 30 = _____	189	17 + 12 = _____
170	27 + 18 = _____	190	16 + 27 = _____
171	30 + 19 = _____	191	11 + 15 = _____
172	27 + 22 = _____	192	21 + 29 = _____
173	30 + 15 = _____	193	28 + 14 = _____
174	20 + 12 = _____	194	11 + 13 = _____
175	24 + 28 = _____	195	27 + 17 = _____

196	28 + 27 = _____	216	28 + 20 = _____
197	29 + 25 = _____	217	10 + 28 = _____
198	29 + 27 = _____	218	11 + 10 = _____
199	30 + 11 = _____	219	26 + 21 = _____
200	25 + 24 = _____	220	18 + 13 = _____
201	25 + 20 = _____	221	14 + 25 = _____
202	12 + 28 = _____	222	25 + 26 = _____
203	25 + 13 = _____	223	24 + 29 = _____
204	11 + 14 = _____	224	22 + 17 = _____
205	23 + 13 = _____	225	12 + 21 = _____
206	22 + 25 = _____	226	22 + 19 = _____
207	21 + 23 = _____	227	11 + 28 = _____
208	10 + 10 = _____	228	14 + 23 = _____
209	24 + 14 = _____	229	16 + 24 = _____
210	13 + 20 = _____	230	11 + 24 = _____
211	16 + 30 = _____	231	27 + 20 = _____
212	10 + 13 = _____	232	14 + 22 = _____
213	29 + 18 = _____	233	27 + 30 = _____
214	16 + 12 = _____	234	14 + 26 = _____
215	29 + 28 = _____	235	13 + 13 = _____

236	21 + 30 = _____	256	23 + 12 = _____
237	20 + 19 = _____	257	28 + 17 = _____
238	13 + 29 = _____	258	15 + 28 = _____
239	25 + 15 = _____	259	20 + 14 = _____
240	15 + 14 = _____	260	27 + 14 = _____
241	20 + 18 = _____	261	10 + 14 = _____
242	26 + 13 = _____	262	18 + 15 = _____
243	13 + 25 = _____	263	10 + 25 = _____
244	25 + 30 = _____	264	15 + 15 = _____
245	26 + 27 = _____	265	30 + 17 = _____
246	14 + 24 = _____	266	30 + 14 = _____
247	29 + 30 = _____	267	26 + 20 = _____
248	14 + 16 = _____	268	25 + 22 = _____
249	20 + 10 = _____	269	23 + 18 = _____
250	27 + 13 = _____	270	14 + 10 = _____
251	20 + 20 = _____	271	28 + 19 = _____
252	20 + 24 = _____	272	18 + 29 = _____
253	26 + 14 = _____	273	20 + 30 = _____
254	25 + 10 = _____	274	24 + 23 = _____
255	29 + 12 = _____	275	16 + 28 = _____

276	23 + 25 = _____		296	28 + 26 = _____
277	23 + 15 = _____		297	16 + 19 = _____
278	28 + 18 = _____		298	19 + 17 = _____
279	16 + 17 = _____		299	29 + 15 = _____
280	23 + 23 = _____		300	12 + 23 = _____
281	19 + 26 = _____		301	11 + 12 = _____
282	11 + 17 = _____		302	18 + 28 = _____
283	10 + 18 = _____		303	29 + 24 = _____
284	17 + 29 = _____		304	25 + 21 = _____
285	18 + 11 = _____		305	30 + 10 = _____
286	30 + 20 = _____		306	17 + 15 = _____
287	13 + 18 = _____		307	27 + 19 = _____
288	17 + 16 = _____		308	18 + 12 = _____
289	10 + 23 = _____		309	19 + 25 = _____
290	11 + 26 = _____		310	24 + 22 = _____
291	13 + 15 = _____		311	12 + 12 = _____
292	18 + 17 = _____		312	24 + 12 = _____
293	27 + 15 = _____		313	15 + 21 = _____
294	11 + 23 = _____		314	10 + 30 = _____
295	21 + 14 = _____		315	10 + 24 = _____

316	18 + 25 = ____	336	25 + 28 = ____
317	15 + 26 = ____	337	18 + 19 = ____
318	27 + 10 = ____	338	30 + 16 = ____
319	16 + 16 = ____	339	27 + 25 = ____
320	23 + 10 = ____	340	14 + 21 = ____
321	30 + 27 = ____	341	12 + 11 = ____
322	17 + 30 = ____	342	14 + 29 = ____
323	18 + 16 = ____	343	28 + 23 = ____
324	17 + 24 = ____	344	29 + 13 = ____
325	28 + 11 = ____	345	16 + 11 = ____
326	21 + 21 = ____	346	15 + 29 = ____
327	29 + 22 = ____	347	15 + 10 = ____
328	17 + 19 = ____	348	22 + 21 = ____
329	25 + 19 = ____	349	28 + 16 = ____
330	22 + 11 = ____	350	23 + 14 = ____
331	25 + 17 = ____	351	22 + 26 = ____
332	19 + 22 = ____	352	22 + 23 = ____
333	16 + 21 = ____	353	12 + 27 = ____
334	10 + 29 = ____	354	30 + 18 = ____
335	10 + 15 = ____	355	19 + 21 = ____

356	13 + 27 = _____	376	29 + 21 = _____
357	18 + 30 = _____	377	24 + 10 = _____
358	26 + 29 = _____	378	11 + 11 = _____
359	21 + 15 = _____	379	29 + 11 = _____
360	12 + 18 = _____	380	20 + 27 = _____
361	21 + 27 = _____	381	20 + 11 = _____
362	26 + 10 = _____	382	24 + 26 = _____
363	21 + 12 = _____	383	26 + 22 = _____
364	19 + 20 = _____	384	13 + 19 = _____
365	22 + 12 = _____	385	23 + 19 = _____
366	30 + 22 = _____	386	19 + 28 = _____
367	28 + 30 = _____	387	28 + 28 = _____
368	24 + 15 = _____	388	28 + 24 = _____
369	19 + 10 = _____	389	21 + 26 = _____
370	12 + 20 = _____	390	27 + 21 = _____
371	20 + 13 = _____	391	18 + 24 = _____
372	11 + 20 = _____	392	20 + 23 = _____
373	30 + 25 = _____	393	14 + 18 = _____
374	17 + 10 = _____	394	22 + 13 = _____
375	21 + 28 = _____	395	28 + 21 = _____

396	21 + 11 = _____	416	27 + 26 = _____
397	15 + 25 = _____	417	24 + 24 = _____
398	22 + 27 = _____	418	24 + 25 = _____
399	17 + 21 = _____	419	28 + 25 = _____
400	22 + 20 = _____	420	10 + 17 = _____
401	21 + 24 = _____	421	14 + 27 = _____
402	21 + 19 = _____	422	13 + 12 = _____
403	23 + 30 = _____	423	17 + 14 = _____
404	19 + 18 = _____	424	12 + 13 = _____
405	21 + 17 = _____	425	22 + 14 = _____
406	17 + 17 = _____	426	13 + 16 = _____
407	28 + 10 = _____	427	23 + 24 = _____
408	20 + 22 = _____	428	26 + 16 = _____
409	19 + 15 = _____	429	26 + 17 = _____
410	28 + 12 = _____	430	10 + 20 = _____
411	14 + 17 = _____	431	26 + 18 = _____
412	13 + 17 = _____	432	22 + 24 = _____
413	30 + 29 = _____	433	13 + 28 = _____
414	11 + 18 = _____	434	20 + 28 = _____
415	29 + 26 = _____	435	24 + 16 = _____

436	28 + 22 = _____	456	27 + 29 = _____
437	11 + 21 = _____	457	25 + 12 = _____
438	30 + 30 = _____	458	16 + 25 = _____
439	17 + 26 = _____	459	14 + 13 = _____
440	19 + 23 = _____	460	30 + 26 = _____
441	15 + 22 = _____	461	29 + 20 = _____
442	25 + 18 = _____	462	18 + 22 = _____
443	29 + 23 = _____	463	13 + 21 = _____
444	19 + 27 = _____	464	25 + 25 = _____
445	13 + 10 = _____	465	17 + 13 = _____
446	14 + 28 = _____	466	14 + 15 = _____
447	19 + 16 = _____	467	17 + 20 = _____
448	28 + 15 = _____	468	29 + 19 = _____
449	20 + 29 = _____	469	27 + 23 = _____
450	11 + 29 = _____	470	19 + 19 = _____
451	23 + 26 = _____	471	19 + 29 = _____
452	23 + 29 = _____	472	10 + 19 = _____
453	16 + 20 = _____	473	18 + 20 = _____
454	23 + 20 = _____	474	13 + 22 = _____
455	14 + 11 = _____	475	12 + 30 = _____

476	12 + 19 = ____		496	26 + 30 = ____
477	25 + 29 = ____		497	26 + 24 = ____
478	17 + 25 = ____		498	18 + 27 = ____
479	22 + 15 = ____		499	16 + 13 = ____
480	10 + 11 = ____		500	15 + 30 = ____
481	27 + 24 = ____		501	27 + 28 = ____
482	18 + 10 = ____		502	21 + 18 = ____
483	24 + 27 = ____		503	15 + 20 = ____
484	11 + 30 = ____		504	10 + 27 = ____
485	15 + 12 = ____		505	17 + 23 = ____
486	21 + 20 = ____		506	11 + 16 = ____
487	11 + 19 = ____		507	19 + 12 = ____
488	23 + 27 = ____		508	14 + 19 = ____
489	26 + 23 = ____		509	15 + 13 = ____
490	13 + 30 = ____		510	17 + 27 = ____
491	20 + 17 = ____		511	24 + 11 = ____
492	18 + 21 = ____		512	24 + 17 = ____
493	23 + 21 = ____		513	11 + 25 = ____
494	23 + 22 = ____		514	18 + 23 = ____
495	24 + 30 = ____		515	24 + 19 = ____

516	19 + 14 = _____	536	16 + 14 = _____
517	15 + 23 = _____	537	14 + 20 = _____
518	17 + 22 = _____	538	25 + 11 = _____
519	26 + 19 = _____	539	20 + 15 = _____
520	18 + 14 = _____	540	20 + 26 = _____
521	10 + 12 = _____	541	10 + 22 = _____
522	13 + 11 = _____	542	23 + 17 = _____
523	12 + 22 = _____	543	25 + 14 = _____
524	22 + 29 = _____	544	17 + 28 = _____
525	19 + 24 = _____	545	22 + 22 = _____
526	14 + 14 = _____	546	42 + 31 = _____
527	19 + 30 = _____	547	26 + 20 = _____
528	26 + 11 = _____	548	31 + 44 = _____
529	13 + 14 = _____	549	34 + 36 = _____
530	24 + 18 = _____	550	25 + 46 = _____
531	28 + 29 = _____	551	38 + 35 = _____
532	12 + 16 = _____	552	50 + 27 = _____
533	14 + 30 = _____	553	23 + 41 = _____
534	15 + 18 = _____	554	35 + 36 = _____
535	22 + 18 = _____	555	32 + 46 = _____

556	44 + 50 = _____	576	44 + 33 = _____
557	23 + 29 = _____	577	26 + 44 = _____
558	24 + 37 = _____	578	23 + 35 = _____
559	29 + 43 = _____	579	41 + 34 = _____
560	32 + 23 = _____	580	20 + 29 = _____
561	32 + 21 = _____	581	27 + 49 = _____
562	50 + 41 = _____	582	40 + 37 = _____
563	40 + 30 = _____	583	27 + 30 = _____
564	49 + 24 = _____	584	21 + 33 = _____
565	30 + 25 = _____	585	38 + 42 = _____
566	39 + 44 = _____	586	30 + 40 = _____
567	25 + 42 = _____	587	48 + 39 = _____
568	36 + 27 = _____	588	29 + 29 = _____
569	42 + 22 = _____	589	40 + 29 = _____
570	23 + 39 = _____	590	49 + 33 = _____
571	27 + 21 = _____	591	27 + 40 = _____
572	39 + 26 = _____	592	35 + 33 = _____
573	46 + 40 = _____	593	33 + 39 = _____
574	39 + 43 = _____	594	26 + 49 = _____
575	35 + 23 = _____	595	46 + 37 = _____

596	$38 + 21 =$ _____	616	$34 + 28 =$ _____
597	$26 + 36 =$ _____	617	$44 + 25 =$ _____
598	$43 + 39 =$ _____	618	$20 + 30 =$ _____
599	$35 + 45 =$ _____	619	$45 + 42 =$ _____
600	$23 + 30 =$ _____	620	$21 + 47 =$ _____
601	$24 + 36 =$ _____	621	$35 + 24 =$ _____
602	$23 + 20 =$ _____	622	$32 + 39 =$ _____
603	$49 + 44 =$ _____	623	$21 + 32 =$ _____
604	$39 + 34 =$ _____	624	$32 + 34 =$ _____
605	$40 + 27 =$ _____	625	$47 + 37 =$ _____
606	$32 + 35 =$ _____	626	$30 + 30 =$ _____
607	$50 + 43 =$ _____	627	$29 + 20 =$ _____
608	$46 + 20 =$ _____	628	$35 + 38 =$ _____
609	$25 + 32 =$ _____	629	$24 + 47 =$ _____
610	$31 + 50 =$ _____	630	$23 + 42 =$ _____
611	$41 + 36 =$ _____	631	$28 + 27 =$ _____
612	$46 + 21 =$ _____	632	$48 + 30 =$ _____
613	$32 + 44 =$ _____	633	$36 + 36 =$ _____
614	$50 + 33 =$ _____	634	$21 + 31 =$ _____
615	$46 + 22 =$ _____	635	$39 + 21 =$ _____

636	23 + 32 = _____	656	35 + 37 = _____
637	34 + 29 = _____	657	38 + 31 = _____
638	21 + 43 = _____	658	22 + 21 = _____
639	21 + 28 = _____	659	42 + 35 = _____
640	41 + 24 = _____	660	46 + 31 = _____
641	36 + 31 = _____	661	33 + 40 = _____
642	40 + 34 = _____	662	32 + 36 = _____
643	35 + 50 = _____	663	28 + 33 = _____
644	50 + 40 = _____	664	48 + 34 = _____
645	47 + 20 = _____	665	48 + 47 = _____
646	24 + 25 = _____	666	35 + 21 = _____
647	40 + 32 = _____	667	20 + 37 = _____
648	48 + 50 = _____	668	26 + 42 = _____
649	40 + 25 = _____	669	36 + 39 = _____
650	47 + 40 = _____	670	31 + 22 = _____
651	29 + 39 = _____	671	21 + 46 = _____
652	28 + 31 = _____	672	32 + 27 = _____
653	40 + 21 = _____	673	36 + 50 = _____
654	30 + 27 = _____	674	44 + 45 = _____
655	39 + 28 = _____	675	39 + 40 = _____

676	21 + 44 = _____	696	28 + 30 = _____
677	50 + 29 = _____	697	22 + 47 = _____
678	40 + 42 = _____	698	42 + 34 = _____
679	39 + 50 = _____	699	22 + 42 = _____
680	32 + 28 = _____	700	49 + 36 = _____
681	40 + 44 = _____	701	32 + 41 = _____
682	30 + 45 = _____	702	41 + 25 = _____
683	50 + 48 = _____	703	45 + 30 = _____
684	22 + 25 = _____	704	34 + 25 = _____
685	32 + 47 = _____	705	41 + 47 = _____
686	28 + 38 = _____	706	47 + 38 = _____
687	39 + 48 = _____	707	27 + 45 = _____
688	34 + 47 = _____	708	34 + 31 = _____
689	46 + 50 = _____	709	37 + 39 = _____
690	33 + 30 = _____	710	36 + 49 = _____
691	28 + 22 = _____	711	35 + 43 = _____
692	43 + 47 = _____	712	41 + 27 = _____
693	47 + 47 = _____	713	38 + 27 = _____
694	48 + 41 = _____	714	34 + 44 = _____
695	40 + 33 = _____	715	20 + 36 = _____

716	38 + 30 = _____	736	45 + 49 = _____
717	39 + 24 = _____	737	23 + 46 = _____
718	20 + 44 = _____	738	44 + 21 = _____
719	40 + 35 = _____	739	37 + 43 = _____
720	46 + 43 = _____	740	38 + 23 = _____
721	30 + 46 = _____	741	38 + 37 = _____
722	39 + 22 = _____	742	22 + 35 = _____
723	23 + 43 = _____	743	45 + 38 = _____
724	22 + 44 = _____	744	46 + 25 = _____
725	45 + 45 = _____	745	39 + 38 = _____
726	26 + 33 = _____	746	34 + 50 = _____
727	48 + 20 = _____	747	26 + 40 = _____
728	49 + 34 = _____	748	30 + 49 = _____
729	27 + 50 = _____	749	20 + 23 = _____
730	37 + 36 = _____	750	30 + 33 = _____
731	41 + 41 = _____	751	25 + 50 = _____
732	31 + 20 = _____	752	46 + 39 = _____
733	24 + 42 = _____	753	23 + 26 = _____
734	27 + 35 = _____	754	48 + 33 = _____
735	22 + 37 = _____	755	27 + 20 = _____

756	34 + 20 = _____	776	26 + 28 = _____
757	47 + 21 = _____	777	30 + 48 = _____
758	25 + 39 = _____	778	39 + 33 = _____
759	48 + 29 = _____	779	47 + 22 = _____
760	30 + 23 = _____	780	28 + 37 = _____
761	35 + 39 = _____	781	24 + 38 = _____
762	37 + 44 = _____	782	48 + 38 = _____
763	42 + 48 = _____	783	35 + 34 = _____
764	45 + 22 = _____	784	38 + 36 = _____
765	47 + 30 = _____	785	35 + 22 = _____
766	22 + 32 = _____	786	41 + 31 = _____
767	48 + 40 = _____	787	37 + 47 = _____
768	23 + 48 = _____	788	24 + 34 = _____
769	23 + 38 = _____	789	20 + 24 = _____
770	30 + 35 = _____	790	44 + 20 = _____
771	42 + 36 = _____	791	23 + 44 = _____
772	30 + 29 = _____	792	50 + 50 = _____
773	21 + 23 = _____	793	41 + 28 = _____
774	34 + 35 = _____	794	34 + 33 = _____
775	47 + 35 = _____	795	28 + 50 = _____

796	33 + 22 = _____	816	24 + 20 = _____
797	45 + 29 = _____	817	40 + 28 = _____
798	42 + 27 = _____	818	37 + 50 = _____
799	50 + 28 = _____	819	34 + 26 = _____
800	21 + 50 = _____	820	41 + 32 = _____
801	20 + 27 = _____	821	39 + 41 = _____
802	32 + 22 = _____	822	29 + 48 = _____
803	34 + 40 = _____	823	27 + 39 = _____
804	37 + 31 = _____	824	31 + 41 = _____
805	26 + 26 = _____	825	39 + 46 = _____
806	40 + 40 = _____	826	22 + 50 = _____
807	43 + 24 = _____	827	30 + 37 = _____
808	29 + 46 = _____	828	46 + 38 = _____
809	33 + 42 = _____	829	32 + 42 = _____
810	27 + 29 = _____	830	42 + 45 = _____
811	48 + 35 = _____	831	30 + 41 = _____
812	49 + 30 = _____	832	28 + 46 = _____
813	21 + 29 = _____	833	27 + 44 = _____
814	21 + 42 = _____	834	41 + 20 = _____
815	50 + 25 = _____	835	39 + 37 = _____

836	50 + 38 = _____		856	26 + 50 = _____
837	43 + 50 = _____		857	26 + 30 = _____
838	29 + 27 = _____		858	45 + 50 = _____
839	35 + 26 = _____		859	46 + 47 = _____
840	46 + 34 = _____		860	28 + 32 = _____
841	25 + 47 = _____		861	20 + 25 = _____
842	36 + 44 = _____		862	33 + 41 = _____
843	46 + 24 = _____		863	29 + 26 = _____
844	30 + 21 = _____		864	27 + 41 = _____
845	24 + 27 = _____		865	40 + 43 = _____
846	35 + 40 = _____		866	21 + 49 = _____
847	26 + 46 = _____		867	41 + 33 = _____
848	32 + 25 = _____		868	30 + 42 = _____
849	49 + 20 = _____		869	42 + 32 = _____
850	37 + 30 = _____		870	21 + 21 = _____
851	31 + 38 = _____		871	44 + 40 = _____
852	31 + 31 = _____		872	40 + 23 = _____
853	28 + 47 = _____		873	50 + 26 = _____
854	48 + 28 = _____		874	40 + 45 = _____
855	31 + 24 = _____		875	41 + 37 = _____

876	26 + 45 = _____	896	42 + 21 = _____
877	26 + 41 = _____	897	40 + 38 = _____
878	42 + 29 = _____	898	50 + 47 = _____
879	39 + 31 = _____	899	48 + 42 = _____
880	30 + 36 = _____	900	24 + 26 = _____
881	36 + 21 = _____	901	43 + 36 = _____
882	43 + 20 = _____	902	44 + 22 = _____
883	26 + 27 = _____	903	26 + 32 = _____
884	25 + 33 = _____	904	38 + 39 = _____
885	43 + 21 = _____	905	24 + 29 = _____
886	37 + 40 = _____	906	31 + 36 = _____
887	48 + 44 = _____	907	47 + 23 = _____
888	33 + 45 = _____	908	49 + 42 = _____
889	33 + 20 = _____	909	43 + 33 = _____
890	48 + 37 = _____	910	44 + 29 = _____
891	35 + 42 = _____	911	46 + 23 = _____
892	32 + 30 = _____	912	32 + 50 = _____
893	26 + 24 = _____	913	45 + 34 = _____
894	49 + 46 = _____	914	36 + 26 = _____
895	41 + 42 = _____	915	29 + 25 = _____

916   38 + 24 = _____

917   40 + 48 = _____

918   38 + 20 = _____

919   27 + 25 = _____

920   44 + 38 = _____

921   37 + 24 = _____

922   46 + 30 = _____

923   31 + 37 = _____

924   47 + 39 = _____

925   26 + 48 = _____

926   28 + 20 = _____

927   50 + 24 = _____

928   42 + 26 = _____

929   26 + 43 = _____

930   38 + 34 = _____

931   44 + 41 = _____

932   49 + 31 = _____

933   32 + 24 = _____

934   38 + 46 = _____

935   45 + 26 = _____

936   35 + 41 = _____

937   27 + 43 = _____

938   20 + 42 = _____

939   20 + 40 = _____

940   34 + 39 = _____

941   48 + 49 = _____

942   46 + 46 = _____

943   37 + 23 = _____

944   45 + 31 = _____

945   43 + 23 = _____

946   45 + 44 = _____

947   37 + 48 = _____

948   49 + 32 = _____

949   37 + 42 = _____

950   20 + 21 = _____

951   48 + 27 = _____

952   42 + 28 = _____

953   41 + 50 = _____

954   46 + 45 = _____

955   49 + 39 = _____

956	25 + 23 = _____	976	35 + 49 = _____
957	20 + 22 = _____	977	20 + 46 = _____
958	37 + 41 = _____	978	37 + 34 = _____
959	28 + 21 = _____	979	26 + 25 = _____
960	34 + 45 = _____	980	30 + 31 = _____
961	33 + 49 = _____	981	46 + 26 = _____
962	28 + 24 = _____	982	42 + 50 = _____
963	37 + 22 = _____	983	31 + 26 = _____
964	40 + 46 = _____	984	31 + 49 = _____
965	43 + 22 = _____	985	39 + 29 = _____
966	35 + 48 = _____	986	24 + 30 = _____
967	22 + 29 = _____	987	35 + 44 = _____
968	22 + 33 = _____	988	43 + 41 = _____
969	36 + 43 = _____	989	22 + 39 = _____
970	25 + 30 = _____	990	31 + 40 = _____
971	42 + 20 = _____	991	43 + 30 = _____
972	49 + 38 = _____	992	31 + 48 = _____
973	25 + 37 = _____	993	29 + 33 = _____
974	42 + 42 = _____	994	41 + 40 = _____
975	32 + 49 = _____	995	37 + 33 = _____

996	37 + 20 = _____		1016	20 + 43 = _____
997	40 + 39 = _____		1017	33 + 50 = _____
998	34 + 22 = _____		1018	29 + 35 = _____
999	24 + 33 = _____		1019	20 + 39 = _____
1000	21 + 41 = _____		1020	29 + 34 = _____
1001	38 + 43 = _____		1021	28 + 42 = _____
1002	39 + 30 = _____		1022	25 + 43 = _____
1003	27 + 31 = _____		1023	46 + 48 = _____
1004	40 + 50 = _____		1024	38 + 33 = _____
1005	47 + 42 = _____		1025	35 + 29 = _____
1006	42 + 23 = _____		1026	26 + 23 = _____
1007	38 + 45 = _____		1027	36 + 46 = _____
1008	35 + 20 = _____		1028	33 + 28 = _____
1009	35 + 25 = _____		1029	47 + 33 = _____
1010	28 + 25 = _____		1030	39 + 36 = _____
1011	29 + 49 = _____		1031	24 + 49 = _____
1012	28 + 28 = _____		1032	49 + 26 = _____
1013	49 + 27 = _____		1033	47 + 26 = _____
1014	43 + 28 = _____		1034	26 + 38 = _____
1015	25 + 22 = _____		1035	37 + 26 = _____

1036	32 + 43 = _____	1056	33 + 25 = _____
1037	33 + 47 = _____	1057	20 + 48 = _____
1038	27 + 47 = _____	1058	30 + 34 = _____
1039	31 + 28 = _____	1059	36 + 47 = _____
1040	49 + 28 = _____	1060	20 + 28 = _____
1041	26 + 35 = _____	1061	30 + 47 = _____
1042	45 + 37 = _____	1062	24 + 22 = _____
1043	42 + 24 = _____	1063	21 + 25 = _____
1044	38 + 44 = _____	1064	21 + 45 = _____
1045	49 + 48 = _____	1065	23 + 28 = _____
1046	29 + 30 = _____	1066	45 + 27 = _____
1047	40 + 36 = _____	1067	30 + 22 = _____
1048	48 + 25 = _____	1068	24 + 35 = _____
1049	40 + 26 = _____	1069	36 + 25 = _____
1050	22 + 31 = _____	1070	37 + 49 = _____
1051	21 + 36 = _____	1071	50 + 39 = _____
1052	47 + 45 = _____	1072	26 + 31 = _____
1053	34 + 24 = _____	1073	20 + 49 = _____
1054	37 + 25 = _____	1074	44 + 28 = _____
1055	23 + 21 = _____	1075	44 + 46 = _____

1076	43 + 43 = _____	1096	42 + 39 = _____
1077	37 + 21 = _____	1097	29 + 50 = _____
1078	34 + 43 = _____	1098	41 + 29 = _____
1079	24 + 41 = _____	1099	47 + 34 = _____
1080	30 + 28 = _____	1100	20 + 41 = _____
1081	31 + 39 = _____	1101	36 + 37 = _____
1082	33 + 34 = _____	1102	35 + 35 = _____
1083	42 + 30 = _____	1103	34 + 38 = _____
1084	46 + 44 = _____	1104	38 + 29 = _____
1085	23 + 34 = _____	1105	21 + 48 = _____
1086	27 + 36 = _____	1106	32 + 26 = _____
1087	38 + 47 = _____	1107	33 + 37 = _____
1088	44 + 34 = _____	1108	40 + 49 = _____
1089	36 + 24 = _____	1109	41 + 23 = _____
1090	50 + 35 = _____	1110	50 + 21 = _____
1091	39 + 23 = _____	1111	30 + 26 = _____
1092	34 + 49 = _____	1112	45 + 21 = _____
1093	22 + 38 = _____	1113	29 + 40 = _____
1094	48 + 22 = _____	1114	21 + 38 = _____
1095	34 + 41 = _____	1115	37 + 35 = _____

1116   36 + 29 = _____

1117   25 + 49 = _____

1118   21 + 40 = _____

1119   50 + 20 = _____

1120   33 + 36 = _____

1121   24 + 32 = _____

1122   37 + 46 = _____

1123   44 + 42 = _____

1124   23 + 40 = _____

1125   50 + 45 = _____

1126   36 + 38 = _____

1127   43 + 25 = _____

1128   20 + 33 = _____

1129   45 + 36 = _____

1130   46 + 41 = _____

1131   50 + 32 = _____

1132   24 + 45 = _____

1133   33 + 33 = _____

1134   38 + 32 = _____

1135   33 + 48 = _____

1136   33 + 38 = _____

1137   50 + 30 = _____

1138   36 + 33 = _____

1139   24 + 23 = _____

1140   39 + 25 = _____

1141   44 + 48 = _____

1142   30 + 44 = _____

1143   39 + 39 = _____

1144   36 + 32 = _____

1145   20 + 32 = _____

1146   30 + 38 = _____

1147   25 + 28 = _____

1148   40 + 20 = _____

1149   28 + 45 = _____

1150   48 + 26 = _____

1151   43 + 31 = _____

1152   47 + 36 = _____

1153   21 + 39 = _____

1154   44 + 37 = _____

1155   33 + 32 = _____

1156	31 + 33 = _____		1176	27 + 42 = _____
1157	44 + 39 = _____		1177	41 + 38 = _____
1158	32 + 32 = _____		1178	25 + 35 = _____
1159	29 + 22 = _____		1179	43 + 46 = _____
1160	41 + 30 = _____		1180	22 + 43 = _____
1161	27 + 27 = _____		1181	35 + 31 = _____
1162	25 + 41 = _____		1182	43 + 49 = _____
1163	28 + 48 = _____		1183	23 + 37 = _____
1164	23 + 24 = _____		1184	47 + 24 = _____
1165	24 + 39 = _____		1185	22 + 30 = _____
1166	25 + 36 = _____		1186	24 + 43 = _____
1167	34 + 21 = _____		1187	32 + 31 = _____
1168	36 + 42 = _____		1188	47 + 32 = _____
1169	31 + 45 = _____		1189	23 + 27 = _____
1170	44 + 44 = _____		1190	22 + 24 = _____
1171	20 + 50 = _____		1191	33 + 23 = _____
1172	22 + 20 = _____		1192	36 + 20 = _____
1173	42 + 33 = _____		1193	38 + 28 = _____
1174	31 + 21 = _____		1194	26 + 39 = _____
1175	34 + 32 = _____		1195	43 + 27 = _____

1196	39 + 47 = _____	1216	48 + 46 = _____
1197	21 + 37 = _____	1217	35 + 27 = _____
1198	44 + 35 = _____	1218	31 + 27 = _____
1199	43 + 42 = _____	1219	42 + 44 = _____
1200	44 + 31 = _____	1220	36 + 40 = _____
1201	49 + 35 = _____	1221	31 + 34 = _____
1202	36 + 34 = _____	1222	33 + 26 = _____
1203	32 + 45 = _____	1223	47 + 49 = _____
1204	37 + 27 = _____	1224	40 + 47 = _____
1205	28 + 36 = _____	1225	34 + 48 = _____
1206	44 + 43 = _____	1226	20 + 34 = _____
1207	21 + 35 = _____	1227	49 + 50 = _____
1208	24 + 28 = _____	1228	38 + 22 = _____
1209	43 + 48 = _____	1229	25 + 34 = _____
1210	48 + 32 = _____	1230	23 + 49 = _____
1211	24 + 50 = _____	1231	37 + 45 = _____
1212	39 + 42 = _____	1232	29 + 42 = _____
1213	38 + 38 = _____	1233	33 + 29 = _____
1214	21 + 24 = _____	1234	43 + 32 = _____
1215	21 + 20 = _____	1235	22 + 28 = _____

1236	47 + 27 = _____	1256	38 + 41 = _____
1237	44 + 24 = _____	1257	46 + 32 = _____
1238	50 + 42 = _____	1258	31 + 46 = _____
1239	29 + 47 = _____	1259	24 + 40 = _____
1240	34 + 30 = _____	1260	42 + 43 = _____
1241	47 + 25 = _____	1261	33 + 24 = _____
1242	46 + 33 = _____	1262	21 + 27 = _____
1243	47 + 50 = _____	1263	32 + 20 = _____
1244	31 + 25 = _____	1264	47 + 28 = _____
1245	22 + 46 = _____	1265	27 + 33 = _____
1246	37 + 38 = _____	1266	27 + 28 = _____
1247	29 + 23 = _____	1267	24 + 46 = _____
1248	23 + 22 = _____	1268	29 + 24 = _____
1249	32 + 37 = _____	1269	22 + 22 = _____
1250	36 + 30 = _____	1270	44 + 27 = _____
1251	43 + 37 = _____	1271	39 + 45 = _____
1252	48 + 31 = _____	1272	24 + 24 = _____
1253	30 + 50 = _____	1273	37 + 37 = _____
1254	45 + 47 = _____	1274	49 + 41 = _____
1255	25 + 20 = _____	1275	33 + 35 = _____

1276	22 + 45 = _____	1296	45 + 46 = _____
1277	44 + 32 = _____	1297	25 + 21 = _____
1278	45 + 35 = _____	1298	28 + 40 = _____
1279	47 + 46 = _____	1299	20 + 35 = _____
1280	45 + 43 = _____	1300	22 + 26 = _____
1281	32 + 33 = _____	1301	38 + 25 = _____
1282	25 + 38 = _____	1302	47 + 48 = _____
1283	49 + 43 = _____	1303	23 + 23 = _____
1284	29 + 36 = _____	1304	42 + 40 = _____
1285	29 + 31 = _____	1305	20 + 38 = _____
1286	37 + 32 = _____	1306	46 + 29 = _____
1287	41 + 44 = _____	1307	49 + 29 = _____
1288	39 + 27 = _____	1308	41 + 46 = _____
1289	37 + 28 = _____	1309	35 + 46 = _____
1290	33 + 46 = _____	1310	28 + 44 = _____
1291	38 + 50 = _____	1311	24 + 31 = _____
1292	43 + 38 = _____	1312	32 + 48 = _____
1293	26 + 22 = _____	1313	49 + 49 = _____
1294	28 + 26 = _____	1314	48 + 23 = _____
1295	42 + 25 = _____	1315	28 + 29 = _____

1316	30 + 20 = _____	1336	23 + 45 = _____
1317	20 + 45 = _____	1337	34 + 23 = _____
1318	24 + 44 = _____	1338	47 + 41 = _____
1319	28 + 49 = _____	1339	36 + 48 = _____
1320	29 + 37 = _____	1340	41 + 39 = _____
1321	34 + 42 = _____	1341	43 + 29 = _____
1322	45 + 39 = _____	1342	27 + 38 = _____
1323	50 + 46 = _____	1343	39 + 20 = _____
1324	45 + 41 = _____	1344	38 + 40 = _____
1325	26 + 21 = _____	1345	36 + 35 = _____
1326	45 + 28 = _____	1346	34 + 37 = _____
1327	27 + 34 = _____	1347	22 + 41 = _____
1328	41 + 43 = _____	1348	50 + 23 = _____
1329	21 + 30 = _____	1349	28 + 41 = _____
1330	20 + 26 = _____	1350	25 + 26 = _____
1331	35 + 32 = _____	1351	38 + 49 = _____
1332	43 + 35 = _____	1352	50 + 22 = _____
1333	43 + 26 = _____	1353	50 + 49 = _____
1334	22 + 40 = _____	1354	48 + 36 = _____
1335	27 + 37 = _____	1355	31 + 43 = _____

1356   44 + 30 = _____

1357   33 + 43 = _____

1358   24 + 48 = _____

1359   26 + 34 = _____

1360   42 + 46 = _____

1361   28 + 34 = _____

1362   26 + 37 = _____

1363   32 + 38 = _____

1364   23 + 33 = _____

1365   50 + 37 = _____

1366   21 + 34 = _____

1367   42 + 49 = _____

1368   47 + 43 = _____

1369   22 + 36 = _____

1370   25 + 31 = _____

1371   39 + 35 = _____

1372   29 + 32 = _____

1373   31 + 47 = _____

1374   35 + 30 = _____

1375   20 + 31 = _____

1376   36 + 22 = _____

1377   45 + 32 = _____

1378   23 + 31 = _____

1379   50 + 36 = _____

1 6 - 1 = _____

2 10 - 5 = _____

3 6 - 0 = _____

4 8 - 4 = _____

5 5 - 1 = _____

6 7 - 3 = _____

7 7 - 5 = _____

8 7 - 1 = _____

9 8 - 0 = _____

10 9 - 5 = _____

11 10 - 3 = _____

12 5 - 3 = _____

13 5 - 5 = _____

14 9 - 0 = _____

15 9 - 2 = _____

16 6 - 5 = _____

17 10 - 4 = _____

18 8 - 1 = _____

19 10 - 0 = _____

20 7 - 2 = _____

21 7 - 0 = _____

22 7 - 4 = _____

23 9 - 4 = _____

24 6 - 2 = _____

25 9 - 1 = _____

26 6 - 3 = _____

27 6 - 4 = _____

28 5 - 0 = _____

29 8 - 3 = _____

30 5 - 4 = _____

31 9 - 3 = _____

32 10 - 2 = _____

33 5 - 2 = _____

34 8 - 5 = _____

35 8 - 2 = _____

36	10 - 1 = ____		56	20 - 10 = ____
37	11 - 9 = ____		57	19 - 8 = ____
38	13 - 5 = ____		58	14 - 6 = ____
39	17 - 5 = ____		59	12 - 9 = ____
40	19 - 6 = ____		60	15 - 8 = ____
41	13 - 10 = ____		61	20 - 5 = ____
42	15 - 6 = ____		62	12 - 10 = ____
43	16 - 9 = ____		63	17 - 8 = ____
44	17 - 7 = ____		64	13 - 8 = ____
45	19 - 7 = ____		65	14 - 7 = ____
46	13 - 9 = ____		66	12 - 8 = ____
47	16 - 10 = ____		67	19 - 5 = ____
48	20 - 9 = ____		68	18 - 9 = ____
49	20 - 6 = ____		69	15 - 10 = ____
50	14 - 5 = ____		70	18 - 8 = ____
51	18 - 6 = ____		71	18 - 5 = ____
52	10 - 10 = ____		72	19 - 10 = ____
53	19 - 9 = ____		73	14 - 9 = ____
54	17 - 9 = ____		74	20 - 8 = ____
55	17 - 6 = ____		75	11 - 10 = ____

76	10 - 8 = _____	96	18 - 7 = _____
77	11 - 8 = _____	97	15 - 7 = _____
78	16 - 5 = _____	98	15 - 5 = _____
79	10 - 5 = _____	99	14 - 10 = _____
80	12 - 5 = _____	100	15 - 9 = _____
81	10 - 9 = _____	101	11 - 5 = _____
82	12 - 6 = _____	102	16 - 6 = _____
83	16 - 7 = _____	103	29 - 7 = _____
84	10 - 7 = _____	104	39 - 6 = _____
85	18 - 10 = _____	105	22 - 9 = _____
86	10 - 6 = _____	106	38 - 7 = _____
87	11 - 7 = _____	107	38 - 8 = _____
88	16 - 8 = _____	108	23 - 7 = _____
89	17 - 10 = _____	109	25 - 9 = _____
90	13 - 7 = _____	110	36 - 7 = _____
91	20 - 7 = _____	111	24 - 7 = _____
92	13 - 6 = _____	112	30 - 6 = _____
93	14 - 8 = _____	113	29 - 6 = _____
94	12 - 7 = _____	114	24 - 9 = _____
95	11 - 6 = _____	115	21 - 9 = _____

116	28 - 8 = _____	136	22 - 10 = _____
117	28 - 7 = _____	137	27 - 10 = _____
118	30 - 8 = _____	138	20 - 8 = _____
119	28 - 9 = _____	139	40 - 9 = _____
120	24 - 6 = _____	140	31 - 9 = _____
121	40 - 8 = _____	141	39 - 10 = _____
122	29 - 8 = _____	142	33 - 7 = _____
123	31 - 6 = _____	143	32 - 6 = _____
124	34 - 8 = _____	144	38 - 9 = _____
125	40 - 7 = _____	145	37 - 7 = _____
126	39 - 9 = _____	146	21 - 8 = _____
127	22 - 7 = _____	147	35 - 8 = _____
128	37 - 10 = _____	148	32 - 10 = _____
129	21 - 10 = _____	149	29 - 9 = _____
130	25 - 10 = _____	150	25 - 8 = _____
131	26 - 9 = _____	151	26 - 8 = _____
132	36 - 9 = _____	152	25 - 7 = _____
133	38 - 6 = _____	153	20 - 10 = _____
134	23 - 8 = _____	154	20 - 6 = _____
135	35 - 9 = _____	155	33 - 6 = _____

156	27 - 8 = _____	176	32 - 7 = _____
157	40 - 6 = _____	177	30 - 7 = _____
158	24 - 10 = _____	178	31 - 10 = _____
159	36 - 8 = _____	179	32 - 8 = _____
160	21 - 6 = _____	180	28 - 10 = _____
161	31 - 8 = _____	181	23 - 9 = _____
162	38 - 10 = _____	182	39 - 8 = _____
163	30 - 9 = _____	183	36 - 6 = _____
164	33 - 8 = _____	184	35 - 10 = _____
165	22 - 8 = _____	185	26 - 7 = _____
166	34 - 10 = _____	186	31 - 7 = _____
167	37 - 8 = _____	187	20 - 9 = _____
168	21 - 7 = _____	188	34 - 6 = _____
169	33 - 9 = _____	189	23 - 10 = _____
170	22 - 6 = _____	190	25 - 6 = _____
171	29 - 10 = _____	191	27 - 9 = _____
172	30 - 10 = _____	192	32 - 9 = _____
173	27 - 7 = _____	193	20 - 7 = _____
174	34 - 9 = _____	194	37 - 6 = _____
175	36 - 10 = _____	195	35 - 6 = _____

196	28 - 6 = _____	216	42 - 13 = _____
197	37 - 9 = _____	217	54 - 10 = _____
198	24 - 8 = _____	218	54 - 11 = _____
199	33 - 10 = _____	219	45 - 17 = _____
200	35 - 7 = _____	220	40 - 16 = _____
201	26 - 10 = _____	221	59 - 12 = _____
202	26 - 6 = _____	222	43 - 17 = _____
203	23 - 6 = _____	223	53 - 20 = _____
204	40 - 10 = _____	224	58 - 19 = _____
205	34 - 7 = _____	225	49 - 10 = _____
206	39 - 7 = _____	226	53 - 10 = _____
207	27 - 6 = _____	227	59 - 15 = _____
208	46 - 20 = _____	228	58 - 16 = _____
209	58 - 20 = _____	229	51 - 20 = _____
210	60 - 14 = _____	230	42 - 11 = _____
211	58 - 10 = _____	231	51 - 16 = _____
212	44 - 17 = _____	232	47 - 12 = _____
213	51 - 14 = _____	233	48 - 13 = _____
214	47 - 14 = _____	234	57 - 10 = _____
215	40 - 11 = _____	235	50 - 11 = _____

236	50 - 14 = _____		256	52 - 17 = _____
237	56 - 18 = _____		257	53 - 12 = _____
238	42 - 20 = _____		258	51 - 18 = _____
239	48 - 17 = _____		259	46 - 17 = _____
240	40 - 14 = _____		260	40 - 17 = _____
241	41 - 17 = _____		261	50 - 18 = _____
242	42 - 14 = _____		262	49 - 17 = _____
243	50 - 19 = _____		263	46 - 14 = _____
244	52 - 10 = _____		264	47 - 10 = _____
245	41 - 15 = _____		265	59 - 10 = _____
246	48 - 20 = _____		266	58 - 12 = _____
247	53 - 13 = _____		267	40 - 19 = _____
248	52 - 13 = _____		268	54 - 19 = _____
249	51 - 19 = _____		269	59 - 20 = _____
250	45 - 11 = _____		270	55 - 13 = _____
251	42 - 10 = _____		271	46 - 13 = _____
252	44 - 10 = _____		272	55 - 18 = _____
253	47 - 13 = _____		273	57 - 19 = _____
254	40 - 15 = _____		274	56 - 16 = _____
255	42 - 15 = _____		275	55 - 16 = _____

276   44 - 20 = _____

277   50 - 13 = _____

278   60 - 17 = _____

279   52 - 20 = _____

280   46 - 11 = _____

281   57 - 18 = _____

282   46 - 10 = _____

283   40 - 18 = _____

284   45 - 19 = _____

285   48 - 11 = _____

286   44 - 14 = _____

287   57 - 17 = _____

288   59 - 18 = _____

289   45 - 10 = _____

290   46 - 18 = _____

291   51 - 10 = _____

292   56 - 17 = _____

293   41 - 19 = _____

294   51 - 17 = _____

295   60 - 13 = _____

296   46 - 15 = _____

297   49 - 16 = _____

298   43 - 16 = _____

299   55 - 10 = _____

300   59 - 11 = _____

301   54 - 13 = _____

302   50 - 12 = _____

303   44 - 11 = _____

304   56 - 15 = _____

305   45 - 18 = _____

306   53 - 14 = _____

307   43 - 19 = _____

308   43 - 15 = _____

309   59 - 17 = _____

310   41 - 12 = _____

311   44 - 16 = _____

312   53 - 15 = _____

313   47 - 11 = _____

314   42 - 17 = _____

315   49 - 12 = _____

316	53 - 11 = _____	336	43 - 12 = _____
317	43 - 10 = _____	337	55 - 17 = _____
318	53 - 19 = _____	338	45 - 13 = _____
319	57 - 20 = _____	339	48 - 15 = _____
320	56 - 11 = _____	340	49 - 15 = _____
321	50 - 10 = _____	341	58 - 15 = _____
322	49 - 11 = _____	342	54 - 17 = _____
323	47 - 16 = _____	343	42 - 16 = _____
324	50 - 16 = _____	344	56 - 19 = _____
325	45 - 12 = _____	345	48 - 12 = _____
326	48 - 18 = _____	346	44 - 18 = _____
327	51 - 13 = _____	347	43 - 20 = _____
328	45 - 15 = _____	348	40 - 13 = _____
329	54 - 12 = _____	349	53 - 17 = _____
330	41 - 10 = _____	350	56 - 10 = _____
331	60 - 20 = _____	351	56 - 14 = _____
332	55 - 19 = _____	352	49 - 20 = _____
333	52 - 16 = _____	353	51 - 15 = _____
334	55 - 20 = _____	354	57 - 15 = _____
335	56 - 13 = _____	355	47 - 17 = _____

356	52 - 15 = _____	376	54 - 20 = _____
357	49 - 19 = _____	377	41 - 14 = _____
358	49 - 14 = _____	378	44 - 13 = _____
359	44 - 15 = _____	379	40 - 10 = _____
360	60 - 15 = _____	380	54 - 18 = _____
361	47 - 19 = _____	381	45 - 20 = _____
362	55 - 11 = _____	382	55 - 14 = _____
363	52 - 19 = _____	383	41 - 11 = _____
364	58 - 11 = _____	384	60 - 18 = _____
365	48 - 19 = _____	385	60 - 16 = _____
366	46 - 16 = _____	386	53 - 16 = _____
367	48 - 14 = _____	387	59 - 19 = _____
368	42 - 12 = _____	388	45 - 16 = _____
369	59 - 16 = _____	389	41 - 13 = _____
370	51 - 12 = _____	390	52 - 18 = _____
371	42 - 19 = _____	391	45 - 14 = _____
372	41 - 20 = _____	392	40 - 20 = _____
373	48 - 10 = _____	393	56 - 20 = _____
374	57 - 16 = _____	394	60 - 10 = _____
375	41 - 18 = _____	395	46 - 19 = _____

396	40 - 12 = _____	416	54 - 14 = _____
397	43 - 18 = _____	417	52 - 14 = _____
398	42 - 18 = _____	418	59 - 13 = _____
399	47 - 15 = _____	419	52 - 12 = _____
400	55 - 12 = _____	420	50 - 15 = _____
401	57 - 12 = _____	421	51 - 11 = _____
402	49 - 13 = _____	422	58 - 17 = _____
403	48 - 16 = _____	423	57 - 11 = _____
404	43 - 13 = _____	424	60 - 12 = _____
405	52 - 11 = _____	425	58 - 13 = _____
406	58 - 14 = _____	426	55 - 15 = _____
407	47 - 18 = _____	427	46 - 12 = _____
408	44 - 19 = _____	428	57 - 14 = _____
409	54 - 16 = _____	429	58 - 18 = _____
410	57 - 13 = _____	430	47 - 20 = _____
411	43 - 11 = _____	431	53 - 18 = _____
412	49 - 18 = _____	432	43 - 14 = _____
413	56 - 12 = _____	433	44 - 12 = _____
414	50 - 17 = _____	434	60 - 11 = _____
415	54 - 15 = _____	435	59 - 14 = _____

436	50 - 20 = _____	456	97 - 24 = _____
437	60 - 19 = _____	457	99 - 33 = _____
438	41 - 16 = _____	458	50 - 21 = _____
439	85 - 25 = _____	459	69 - 31 = _____
440	99 - 31 = _____	460	100 - 22 = _____
441	70 - 22 = _____	461	66 - 24 = _____
442	90 - 25 = _____	462	67 - 36 = _____
443	58 - 32 = _____	463	54 - 31 = _____
444	89 - 33 = _____	464	90 - 30 = _____
445	70 - 24 = _____	465	82 - 23 = _____
446	95 - 37 = _____	466	86 - 27 = _____
447	92 - 33 = _____	467	94 - 23 = _____
448	52 - 25 = _____	468	95 - 31 = _____
449	91 - 34 = _____	469	52 - 29 = _____
450	53 - 31 = _____	470	67 - 35 = _____
451	76 - 34 = _____	471	84 - 23 = _____
452	98 - 25 = _____	472	52 - 34 = _____
453	51 - 35 = _____	473	50 - 33 = _____
454	100 - 38 = _____	474	64 - 22 = _____
455	57 - 35 = _____	475	64 - 20 = _____

476	78 - 39 = _____		496	77 - 23 = _____
477	97 - 21 = _____		497	65 - 28 = _____
478	52 - 35 = _____		498	79 - 34 = _____
479	99 - 39 = _____		499	59 - 33 = _____
480	51 - 22 = _____		500	75 - 31 = _____
481	54 - 26 = _____		501	99 - 35 = _____
482	87 - 36 = _____		502	58 - 29 = _____
483	63 - 34 = _____		503	69 - 37 = _____
484	66 - 20 = _____		504	71 - 30 = _____
485	85 - 37 = _____		505	52 - 32 = _____
486	84 - 39 = _____		506	84 - 25 = _____
487	55 - 34 = _____		507	93 - 27 = _____
488	78 - 24 = _____		508	78 - 35 = _____
489	75 - 32 = _____		509	94 - 27 = _____
490	87 - 34 = _____		510	62 - 33 = _____
491	78 - 38 = _____		511	67 - 24 = _____
492	92 - 21 = _____		512	100 - 26 = _____
493	59 - 28 = _____		513	95 - 21 = _____
494	81 - 38 = _____		514	82 - 20 = _____
495	53 - 26 = _____		515	89 - 28 = _____

516	59 - 35 = _____	536	64 - 27 = _____
517	67 - 30 = _____	537	76 - 26 = _____
518	66 - 27 = _____	538	63 - 32 = _____
519	89 - 22 = _____	539	70 - 28 = _____
520	68 - 20 = _____	540	77 - 24 = _____
521	93 - 38 = _____	541	58 - 26 = _____
522	56 - 38 = _____	542	74 - 34 = _____
523	55 - 32 = _____	543	53 - 23 = _____
524	66 - 38 = _____	544	80 - 24 = _____
525	84 - 30 = _____	545	91 - 22 = _____
526	89 - 34 = _____	546	50 - 34 = _____
527	55 - 31 = _____	547	62 - 37 = _____
528	99 - 20 = _____	548	81 - 30 = _____
529	79 - 39 = _____	549	53 - 35 = _____
530	59 - 34 = _____	550	65 - 26 = _____
531	97 - 32 = _____	551	67 - 37 = _____
532	53 - 28 = _____	552	90 - 21 = _____
533	50 - 24 = _____	553	97 - 30 = _____
534	94 - 39 = _____	554	51 - 38 = _____
535	68 - 35 = _____	555	84 - 20 = _____

556	96 - 39 = _____	576	57 - 39 = _____
557	69 - 36 = _____	577	92 - 26 = _____
558	92 - 34 = _____	578	86 - 26 = _____
559	78 - 26 = _____	579	58 - 37 = _____
560	60 - 24 = _____	580	81 - 32 = _____
561	80 - 36 = _____	581	88 - 36 = _____
562	63 - 38 = _____	582	73 - 26 = _____
563	57 - 33 = _____	583	70 - 27 = _____
564	95 - 32 = _____	584	95 - 27 = _____
565	74 - 38 = _____	585	82 - 39 = _____
566	91 - 37 = _____	586	65 - 27 = _____
567	93 - 30 = _____	587	73 - 39 = _____
568	56 - 28 = _____	588	98 - 39 = _____
569	82 - 25 = _____	589	93 - 36 = _____
570	69 - 30 = _____	590	70 - 37 = _____
571	67 - 31 = _____	591	56 - 31 = _____
572	61 - 38 = _____	592	93 - 31 = _____
573	100 - 39 = _____	593	61 - 24 = _____
574	91 - 35 = _____	594	56 - 30 = _____
575	66 - 30 = _____	595	89 - 20 = _____

596	82 - 31 = _____	616	81 - 37 = _____
597	56 - 20 = _____	617	94 - 31 = _____
598	56 - 27 = _____	618	63 - 24 = _____
599	95 - 20 = _____	619	90 - 37 = _____
600	70 - 31 = _____	620	72 - 36 = _____
601	90 - 24 = _____	621	61 - 21 = _____
602	50 - 23 = _____	622	52 - 36 = _____
603	63 - 30 = _____	623	63 - 29 = _____
604	66 - 21 = _____	624	53 - 24 = _____
605	70 - 21 = _____	625	77 - 35 = _____
606	68 - 33 = _____	626	71 - 35 = _____
607	67 - 38 = _____	627	67 - 21 = _____
608	54 - 34 = _____	628	96 - 35 = _____
609	54 - 20 = _____	629	91 - 24 = _____
610	54 - 25 = _____	630	66 - 35 = _____
611	92 - 39 = _____	631	53 - 37 = _____
612	60 - 38 = _____	632	98 - 22 = _____
613	92 - 38 = _____	633	75 - 38 = _____
614	86 - 22 = _____	634	75 - 36 = _____
615	72 - 25 = _____	635	98 - 31 = _____

636	65 - 33 = _____		656	100 - 29 = _____
637	89 - 27 = _____		657	80 - 20 = _____
638	84 - 31 = _____		658	94 - 34 = _____
639	54 - 29 = _____		659	71 - 29 = _____
640	50 - 39 = _____		660	86 - 21 = _____
641	55 - 38 = _____		661	80 - 23 = _____
642	51 - 25 = _____		662	63 - 27 = _____
643	62 - 20 = _____		663	50 - 22 = _____
644	56 - 36 = _____		664	93 - 24 = _____
645	83 - 31 = _____		665	88 - 24 = _____
646	53 - 34 = _____		666	50 - 37 = _____
647	56 - 37 = _____		667	75 - 29 = _____
648	69 - 29 = _____		668	96 - 38 = _____
649	70 - 33 = _____		669	73 - 20 = _____
650	74 - 22 = _____		670	59 - 39 = _____
651	99 - 30 = _____		671	72 - 34 = _____
652	79 - 30 = _____		672	50 - 36 = _____
653	61 - 32 = _____		673	85 - 20 = _____
654	84 - 34 = _____		674	57 - 37 = _____
655	56 - 22 = _____		675	96 - 31 = _____

676	88 - 38 = ____		696	83 - 23 = ____
677	51 - 33 = ____		697	76 - 38 = ____
678	69 - 39 = ____		698	75 - 37 = ____
679	82 - 26 = ____		699	54 - 24 = ____
680	57 - 34 = ____		700	87 - 33 = ____
681	68 - 25 = ____		701	100 - 23 = ____
682	60 - 36 = ____		702	88 - 20 = ____
683	63 - 39 = ____		703	65 - 29 = ____
684	64 - 32 = ____		704	78 - 32 = ____
685	65 - 31 = ____		705	86 - 32 = ____
686	79 - 27 = ____		706	97 - 37 = ____
687	79 - 21 = ____		707	60 - 30 = ____
688	52 - 27 = ____		708	74 - 37 = ____
689	53 - 21 = ____		709	85 - 22 = ____
690	96 - 34 = ____		710	87 - 21 = ____
691	54 - 28 = ____		711	64 - 34 = ____
692	69 - 26 = ____		712	71 - 23 = ____
693	87 - 35 = ____		713	64 - 38 = ____
694	93 - 34 = ____		714	74 - 29 = ____
695	56 - 32 = ____		715	67 - 27 = ____

716	68 - 27 = _____	736	77 - 25 = _____
717	85 - 32 = _____	737	79 - 33 = _____
718	93 - 21 = _____	738	67 - 25 = _____
719	100 - 34 = _____	739	85 - 39 = _____
720	83 - 28 = _____	740	65 - 21 = _____
721	64 - 25 = _____	741	86 - 31 = _____
722	59 - 38 = _____	742	57 - 24 = _____
723	95 - 24 = _____	743	97 - 35 = _____
724	58 - 22 = _____	744	93 - 22 = _____
725	79 - 23 = _____	745	97 - 23 = _____
726	77 - 22 = _____	746	82 - 35 = _____
727	59 - 25 = _____	747	76 - 30 = _____
728	67 - 23 = _____	748	61 - 39 = _____
729	90 - 26 = _____	749	60 - 29 = _____
730	66 - 33 = _____	750	60 - 23 = _____
731	55 - 33 = _____	751	58 - 36 = _____
732	70 - 20 = _____	752	50 - 32 = _____
733	92 - 20 = _____	753	91 - 38 = _____
734	62 - 21 = _____	754	59 - 29 = _____
735	88 - 29 = _____	755	55 - 30 = _____

756	79 - 32 = _____		776	57 - 38 = _____
757	92 - 29 = _____		777	88 - 28 = _____
758	99 - 37 = _____		778	82 - 21 = _____
759	74 - 26 = _____		779	96 - 22 = _____
760	96 - 27 = _____		780	91 - 21 = _____
761	74 - 31 = _____		781	90 - 32 = _____
762	72 - 28 = _____		782	60 - 25 = _____
763	73 - 24 = _____		783	98 - 24 = _____
764	61 - 31 = _____		784	82 - 22 = _____
765	97 - 38 = _____		785	54 - 32 = _____
766	72 - 22 = _____		786	57 - 28 = _____
767	95 - 22 = _____		787	52 - 22 = _____
768	64 - 35 = _____		788	80 - 21 = _____
769	95 - 35 = _____		789	58 - 30 = _____
770	72 - 32 = _____		790	67 - 20 = _____
771	61 - 33 = _____		791	76 - 20 = _____
772	81 - 28 = _____		792	88 - 30 = _____
773	92 - 35 = _____		793	59 - 23 = _____
774	97 - 36 = _____		794	62 - 28 = _____
775	60 - 35 = _____		795	82 - 24 = _____

796	66 - 29 = _____		816	93 - 28 = _____
797	59 - 36 = _____		817	70 - 25 = _____
798	91 - 28 = _____		818	76 - 28 = _____
799	55 - 26 = _____		819	71 - 38 = _____
800	52 - 30 = _____		820	67 - 32 = _____
801	63 - 37 = _____		821	94 - 26 = _____
802	74 - 21 = _____		822	89 - 39 = _____
803	97 - 29 = _____		823	91 - 20 = _____
804	55 - 23 = _____		824	95 - 26 = _____
805	85 - 36 = _____		825	51 - 37 = _____
806	94 - 24 = _____		826	60 - 22 = _____
807	76 - 32 = _____		827	60 - 33 = _____
808	83 - 30 = _____		828	95 - 28 = _____
809	51 - 20 = _____		829	72 - 37 = _____
810	75 - 33 = _____		830	86 - 20 = _____
811	60 - 21 = _____		831	71 - 33 = _____
812	63 - 31 = _____		832	87 - 37 = _____
813	59 - 31 = _____		833	53 - 32 = _____
814	50 - 35 = _____		834	76 - 22 = _____
815	62 - 39 = _____		835	83 - 34 = _____

836	55 - 21 = _____	856	86 - 33 = _____
837	81 - 35 = _____	857	57 - 22 = _____
838	79 - 25 = _____	858	91 - 23 = _____
839	77 - 31 = _____	859	71 - 27 = _____
840	84 - 28 = _____	860	76 - 36 = _____
841	70 - 29 = _____	861	68 - 34 = _____
842	65 - 22 = _____	862	77 - 39 = _____
843	65 - 36 = _____	863	92 - 30 = _____
844	83 - 35 = _____	864	100 - 28 = _____
845	73 - 31 = _____	865	94 - 37 = _____
846	88 - 39 = _____	866	99 - 24 = _____
847	93 - 32 = _____	867	60 - 37 = _____
848	74 - 24 = _____	868	51 - 23 = _____
849	60 - 26 = _____	869	54 - 38 = _____
850	77 - 36 = _____	870	58 - 38 = _____
851	100 - 33 = _____	871	53 - 25 = _____
852	68 - 23 = _____	872	65 - 32 = _____
853	55 - 27 = _____	873	60 - 27 = _____
854	71 - 28 = _____	874	91 - 36 = _____
855	68 - 36 = _____	875	52 - 38 = _____

876	96 - 26 = _____	896	74 - 25 = _____
877	99 - 21 = _____	897	87 - 28 = _____
878	74 - 32 = _____	898	88 - 33 = _____
879	58 - 23 = _____	899	65 - 38 = _____
880	86 - 28 = _____	900	81 - 23 = _____
881	75 - 24 = _____	901	80 - 30 = _____
882	58 - 28 = _____	902	91 - 27 = _____
883	90 - 28 = _____	903	82 - 28 = _____
884	90 - 23 = _____	904	96 - 23 = _____
885	94 - 30 = _____	905	65 - 39 = _____
886	74 - 36 = _____	906	63 - 35 = _____
887	95 - 36 = _____	907	52 - 26 = _____
888	51 - 32 = _____	908	76 - 27 = _____
889	56 - 33 = _____	909	60 - 31 = _____
890	57 - 20 = _____	910	69 - 25 = _____
891	69 - 38 = _____	911	68 - 24 = _____
892	61 - 36 = _____	912	73 - 35 = _____
893	64 - 37 = _____	913	93 - 20 = _____
894	88 - 23 = _____	914	78 - 21 = _____
895	74 - 30 = _____	915	96 - 24 = _____

916	81 - 31 = _____	936	85 - 23 = _____
917	96 - 32 = _____	937	74 - 33 = _____
918	83 - 25 = _____	938	77 - 29 = _____
919	96 - 21 = _____	939	89 - 30 = _____
920	85 - 35 = _____	940	96 - 29 = _____
921	78 - 37 = _____	941	90 - 35 = _____
922	100 - 35 = _____	942	98 - 28 = _____
923	56 - 39 = _____	943	81 - 39 = _____
924	58 - 24 = _____	944	68 - 31 = _____
925	62 - 27 = _____	945	100 - 32 = _____
926	78 - 25 = _____	946	71 - 32 = _____
927	83 - 33 = _____	947	55 - 22 = _____
928	92 - 32 = _____	948	82 - 37 = _____
929	84 - 32 = _____	949	81 - 29 = _____
930	73 - 33 = _____	950	81 - 33 = _____
931	98 - 35 = _____	951	90 - 36 = _____
932	76 - 24 = _____	952	91 - 30 = _____
933	66 - 36 = _____	953	94 - 28 = _____
934	79 - 31 = _____	954	95 - 33 = _____
935	63 - 22 = _____	955	78 - 33 = _____

956	54 - 33 = _____	976	88 - 27 = _____
957	80 - 31 = _____	977	100 - 20 = _____
958	60 - 20 = _____	978	87 - 31 = _____
959	64 - 26 = _____	979	95 - 23 = _____
960	78 - 27 = _____	980	73 - 25 = _____
961	90 - 22 = _____	981	54 - 21 = _____
962	62 - 23 = _____	982	90 - 38 = _____
963	92 - 31 = _____	983	69 - 22 = _____
964	62 - 26 = _____	984	78 - 36 = _____
965	64 - 31 = _____	985	84 - 37 = _____
966	95 - 25 = _____	986	54 - 27 = _____
967	74 - 35 = _____	987	86 - 25 = _____
968	89 - 29 = _____	988	84 - 38 = _____
969	96 - 28 = _____	989	68 - 38 = _____
970	79 - 38 = _____	990	80 - 25 = _____
971	50 - 28 = _____	991	80 - 35 = _____
972	80 - 37 = _____	992	70 - 36 = _____
973	96 - 30 = _____	993	86 - 36 = _____
974	86 - 39 = _____	994	63 - 28 = _____
975	54 - 22 = _____	995	66 - 37 = _____

996	57 - 21 = _____	1016	77 - 27 = _____
997	99 - 25 = _____	1017	56 - 35 = _____
998	60 - 28 = _____	1018	55 - 29 = _____
999	61 - 35 = _____	1019	76 - 31 = _____
1000	79 - 22 = _____	1020	82 - 32 = _____
1001	76 - 29 = _____	1021	63 - 26 = _____
1002	94 - 20 = _____	1022	77 - 26 = _____
1003	92 - 24 = _____	1023	51 - 30 = _____
1004	79 - 28 = _____	1024	98 - 33 = _____
1005	99 - 34 = _____	1025	81 - 26 = _____
1006	76 - 23 = _____	1026	70 - 30 = _____
1007	66 - 39 = _____	1027	99 - 29 = _____
1008	64 - 28 = _____	1028	52 - 37 = _____
1009	55 - 37 = _____	1029	72 - 39 = _____
1010	76 - 21 = _____	1030	73 - 30 = _____
1011	70 - 34 = _____	1031	80 - 28 = _____
1012	82 - 38 = _____	1032	62 - 29 = _____
1013	78 - 34 = _____	1033	57 - 23 = _____
1014	65 - 30 = _____	1034	73 - 36 = _____
1015	77 - 21 = _____	1035	86 - 38 = _____

1036	78 - 31 = _____	1056	83 - 37 = _____
1037	82 - 27 = _____	1057	61 - 20 = _____
1038	71 - 22 = _____	1058	65 - 37 = _____
1039	100 - 37 = _____	1059	53 - 22 = _____
1040	50 - 31 = _____	1060	73 - 22 = _____
1041	78 - 29 = _____	1061	56 - 21 = _____
1042	55 - 25 = _____	1062	75 - 23 = _____
1043	73 - 37 = _____	1063	62 - 30 = _____
1044	98 - 23 = _____	1064	69 - 35 = _____
1045	87 - 29 = _____	1065	93 - 26 = _____
1046	95 - 34 = _____	1066	83 - 26 = _____
1047	78 - 23 = _____	1067	67 - 29 = _____
1048	95 - 38 = _____	1068	92 - 22 = _____
1049	59 - 37 = _____	1069	84 - 35 = _____
1050	99 - 32 = _____	1070	98 - 36 = _____
1051	59 - 27 = _____	1071	89 - 26 = _____
1052	80 - 39 = _____	1072	77 - 38 = _____
1053	51 - 29 = _____	1073	88 - 22 = _____
1054	70 - 32 = _____	1074	80 - 26 = _____
1055	97 - 28 = _____	1075	82 - 33 = _____

1076	66 - 28 = _____	1096	75 - 34 = _____
1077	63 - 20 = _____	1097	94 - 22 = _____
1078	51 - 31 = _____	1098	52 - 33 = _____
1079	66 - 26 = _____	1099	52 - 28 = _____
1080	81 - 36 = _____	1100	85 - 31 = _____
1081	100 - 25 = _____	1101	71 - 34 = _____
1082	74 - 27 = _____	1102	52 - 21 = _____
1083	51 - 21 = _____	1103	84 - 24 = _____
1084	65 - 20 = _____	1104	81 - 25 = _____
1085	90 - 39 = _____	1105	81 - 27 = _____
1086	79 - 26 = _____	1106	75 - 35 = _____
1087	79 - 29 = _____	1107	54 - 23 = _____
1088	71 - 20 = _____	1108	93 - 29 = _____
1089	98 - 38 = _____	1109	72 - 20 = _____
1090	98 - 27 = _____	1110	89 - 36 = _____
1091	91 - 25 = _____	1111	85 - 29 = _____
1092	61 - 29 = _____	1112	96 - 36 = _____
1093	99 - 36 = _____	1113	92 - 23 = _____
1094	82 - 36 = _____	1114	84 - 29 = _____
1095	70 - 39 = _____	1115	52 - 20 = _____

1116	51 - 36 = _____		1136	66 - 25 = _____
1117	77 - 34 = _____		1137	77 - 20 = _____
1118	99 - 22 = _____		1138	54 - 39 = _____
1119	67 - 33 = _____		1139	88 - 35 = _____
1120	62 - 35 = _____		1140	69 - 28 = _____
1121	67 - 34 = _____		1141	93 - 33 = _____
1122	74 - 39 = _____		1142	100 - 30 = _____
1123	90 - 33 = _____		1143	88 - 25 = _____
1124	90 - 29 = _____		1144	73 - 28 = _____
1125	55 - 28 = _____		1145	50 - 38 = _____
1126	76 - 33 = _____		1146	67 - 39 = _____
1127	68 - 29 = _____		1147	79 - 35 = _____
1128	53 - 29 = _____		1148	100 - 21 = _____
1129	85 - 33 = _____		1149	83 - 32 = _____
1130	75 - 28 = _____		1150	82 - 34 = _____
1131	86 - 30 = _____		1151	78 - 20 = _____
1132	54 - 36 = _____		1152	91 - 29 = _____
1133	77 - 32 = _____		1153	53 - 38 = _____
1134	62 - 36 = _____		1154	51 - 39 = _____
1135	58 - 25 = _____		1155	85 - 28 = _____

1156	63 - 25 = _____	1176	89 - 23 = _____
1157	77 - 30 = _____	1177	62 - 22 = _____
1158	76 - 37 = _____	1178	51 - 26 = _____
1159	90 - 20 = _____	1179	50 - 20 = _____
1160	93 - 39 = _____	1180	61 - 22 = _____
1161	62 - 24 = _____	1181	83 - 38 = _____
1162	71 - 26 = _____	1182	83 - 36 = _____
1163	73 - 34 = _____	1183	54 - 37 = _____
1164	80 - 32 = _____	1184	59 - 21 = _____
1165	56 - 23 = _____	1185	98 - 20 = _____
1166	72 - 31 = _____	1186	81 - 34 = _____
1167	89 - 35 = _____	1187	88 - 31 = _____
1168	57 - 32 = _____	1188	86 - 29 = _____
1169	81 - 24 = _____	1189	99 - 38 = _____
1170	79 - 36 = _____	1190	72 - 38 = _____
1171	69 - 24 = _____	1191	68 - 32 = _____
1172	89 - 37 = _____	1192	70 - 35 = _____
1173	82 - 29 = _____	1193	57 - 27 = _____
1174	58 - 20 = _____	1194	86 - 23 = _____
1175	66 - 31 = _____	1195	97 - 22 = _____

1196	85 - 34 = _____	1216	72 - 27 = _____
1197	66 - 22 = _____	1217	60 - 39 = _____
1198	92 - 37 = _____	1218	53 - 36 = _____
1199	56 - 34 = _____	1219	80 - 34 = _____
1200	54 - 35 = _____	1220	56 - 25 = _____
1201	93 - 25 = _____	1221	59 - 24 = _____
1202	59 - 26 = _____	1222	88 - 21 = _____
1203	71 - 21 = _____	1223	58 - 27 = _____
1204	55 - 24 = _____	1224	78 - 30 = _____
1205	80 - 22 = _____	1225	74 - 28 = _____
1206	71 - 37 = _____	1226	83 - 20 = _____
1207	51 - 24 = _____	1227	78 - 28 = _____
1208	79 - 24 = _____	1228	70 - 38 = _____
1209	100 - 31 = _____	1229	55 - 36 = _____
1210	89 - 24 = _____	1230	64 - 36 = _____
1211	51 - 34 = _____	1231	97 - 31 = _____
1212	58 - 34 = _____	1232	83 - 39 = _____
1213	97 - 26 = _____	1233	75 - 22 = _____
1214	62 - 38 = _____	1234	53 - 33 = _____
1215	50 - 30 = _____	1235	64 - 21 = _____

1236	87 - 39 = _____	1256	81 - 22 = _____
1237	94 - 21 = _____	1257	79 - 37 = _____
1238	83 - 27 = _____	1258	76 - 39 = _____
1239	68 - 26 = _____	1259	87 - 26 = _____
1240	62 - 32 = _____	1260	88 - 34 = _____
1241	99 - 28 = _____	1261	70 - 26 = _____
1242	91 - 31 = _____	1262	50 - 29 = _____
1243	94 - 38 = _____	1263	65 - 23 = _____
1244	92 - 27 = _____	1264	75 - 27 = _____
1245	60 - 34 = _____	1265	89 - 31 = _____
1246	80 - 29 = _____	1266	58 - 35 = _____
1247	98 - 26 = _____	1267	87 - 27 = _____
1248	57 - 26 = _____	1268	94 - 36 = _____
1249	53 - 30 = _____	1269	90 - 27 = _____
1250	77 - 33 = _____	1270	87 - 22 = _____
1251	67 - 22 = _____	1271	67 - 28 = _____
1252	100 - 36 = _____	1272	61 - 26 = _____
1253	93 - 37 = _____	1273	73 - 29 = _____
1254	64 - 30 = _____	1274	50 - 26 = _____
1255	88 - 26 = _____	1275	64 - 29 = _____

1276	71 - 39 = _____	1296	93 - 23 = _____
1277	73 - 27 = _____	1297	59 - 30 = _____
1278	97 - 27 = _____	1298	68 - 30 = _____
1279	64 - 24 = _____	1299	84 - 22 = _____
1280	75 - 39 = _____	1300	68 - 28 = _____
1281	74 - 20 = _____	1301	82 - 30 = _____
1282	61 - 28 = _____	1302	86 - 34 = _____
1283	77 - 28 = _____	1303	86 - 37 = _____
1284	58 - 31 = _____	1304	50 - 25 = _____
1285	72 - 30 = _____	1305	52 - 39 = _____
1286	98 - 37 = _____	1306	57 - 31 = _____
1287	70 - 23 = _____	1307	92 - 25 = _____
1288	55 - 39 = _____	1308	69 - 27 = _____
1289	98 - 21 = _____	1309	86 - 35 = _____
1290	95 - 39 = _____	1310	67 - 26 = _____
1291	75 - 25 = _____	1311	85 - 24 = _____
1292	63 - 36 = _____	1312	80 - 38 = _____
1293	69 - 34 = _____	1313	63 - 21 = _____
1294	55 - 20 = _____	1314	73 - 32 = _____
1295	73 - 38 = _____	1315	89 - 25 = _____

1316   84 - 26 = _____

1317   96 - 25 = _____

1318   68 - 21 = _____

1319   77 - 37 = _____

1320   96 - 20 = _____

X

1	0 x 0 = _____
2	0 x 1 = _____
3	1 x 0 = _____
4	2 x 0 = _____
5	1 x 2 = _____
6	1 x 1 = _____
7	1 x 3 = _____
8	2 x 1 = _____
9	3 x 3 = _____
10	3 x 2 = _____
11	0 x 3 = _____
12	3 x 1 = _____
13	0 x 2 = _____
14	2 x 2 = _____
15	2 x 3 = _____
16	3 x 0 = _____
17	5 x 2 = _____
18	4 x 3 = _____
19	2 x 4 = _____
20	3 x 3 = _____
21	3 x 2 = _____
22	4 x 2 = _____
23	2 x 3 = _____
24	5 x 4 = _____
25	3 x 4 = _____
26	4 x 4 = _____
27	2 x 2 = _____
28	5 x 3 = _____
29	4 x 4 = _____
30	5 x 3 = _____
31	2 x 4 = _____
32	5 x 4 = _____
33	3 x 3 = _____
34	4 x 2 = _____
35	3 x 5 = _____

36	5 x 5 = ____	56	6 x 6 = ____
37	4 x 3 = ____	57	5 x 3 = ____
38	4 x 5 = ____	58	4 x 4 = ____
39	5 x 2 = ____	59	6 x 4 = ____
40	2 x 5 = ____	60	8 x 5 = ____
41	3 x 2 = ____	61	6 x 5 = ____
42	3 x 4 = ____	62	8 x 2 = ____
43	2 x 3 = ____	63	7 x 7 = ____
44	2 x 2 = ____	64	6 x 6 = ____
45	5 x 6 = ____	65	8 x 3 = ____
46	4 x 2 = ____	66	6 x 3 = ____
47	5 x 2 = ____	67	8 x 6 = ____
48	6 x 5 = ____	68	7 x 2 = ____
49	5 x 4 = ____	69	7 x 5 = ____
50	4 x 3 = ____	70	6 x 7 = ____
51	4 x 6 = ____	71	8 x 8 = ____
52	6 x 3 = ____	72	6 x 4 = ____
53	4 x 5 = ____	73	6 x 8 = ____
54	5 x 5 = ____	74	6 x 2 = ____
55	6 x 2 = ____	75	7 x 4 = ____

76	7 x 6 = _____		96	8 x 4 = _____
77	8 x 7 = _____		97	9 x 3 = _____
78	7 x 3 = _____		98	7 x 3 = _____
79	7 x 8 = _____		99	8 x 2 = _____
80	8 x 4 = _____		100	8 x 10 = _____
81	10 x 3 = _____		101	10 x 6 = _____
82	9 x 8 = _____		102	8 x 5 = _____
83	7 x 2 = _____		103	8 x 9 = _____
84	10 x 2 = _____		104	7 x 5 = _____
85	7 x 7 = _____		105	9 x 9 = _____
86	9 x 10 = _____		106	8 x 8 = _____
87	9 x 5 = _____		107	7 x 4 = _____
88	9 x 4 = _____		108	8 x 7 = _____
89	10 x 5 = _____		109	7 x 9 = _____
90	10 x 7 = _____		110	10 x 4 = _____
91	7 x 6 = _____		111	9 x 7 = _____
92	8 x 6 = _____		112	7 x 10 = _____
93	8 x 3 = _____		113	10 x 8 = _____
94	9 x 2 = _____		114	7 x 8 = _____
95	10 x 9 = _____		115	9 x 6 = _____

116	10 x 10 = _____	136	10 x 7 = _____
117	11 x 4 = _____	137	10 x 3 = _____
118	12 x 2 = _____	138	12 x 4 = _____
119	10 x 9 = _____	139	10 x 10 = _____
120	11 x 2 = _____	140	8 x 9 = _____
121	11 x 3 = _____	141	11 x 7 = _____
122	12 x 7 = _____	142	8 x 2 = _____
123	11 x 6 = _____	143	9 x 10 = _____
124	8 x 10 = _____	144	11 x 9 = _____
125	10 x 6 = _____	145	8 x 8 = _____
126	12 x 6 = _____	146	10 x 2 = _____
127	9 x 4 = _____	147	9 x 2 = _____
128	8 x 4 = _____	148	9 x 5 = _____
129	10 x 8 = _____	149	8 x 6 = _____
130	8 x 7 = _____	150	12 x 3 = _____
131	11 x 5 = _____	151	11 x 8 = _____
132	8 x 3 = _____	152	9 x 6 = _____
133	9 x 7 = _____	153	12 x 8 = _____
134	9 x 9 = _____	154	12 x 5 = _____
135	10 x 4 = _____	155	8 x 5 = _____

156	11 x 10 = _____	176	11 x 8 = _____
157	10 x 5 = _____	177	8 x 12 = _____
158	9 x 8 = _____	178	7 x 10 = _____
159	12 x 9 = _____	179	8 x 11 = _____
160	12 x 10 = _____	180	6 x 10 = _____
161	9 x 3 = _____	181	10 x 6 = _____
162	7 x 6 = _____	182	11 x 12 = _____
163	6 x 8 = _____	183	7 x 8 = _____
164	9 x 7 = _____	184	10 x 9 = _____
165	9 x 10 = _____	185	7 x 11 = _____
166	12 x 6 = _____	186	12 x 7 = _____
167	8 x 8 = _____	187	9 x 12 = _____
168	6 x 11 = _____	188	11 x 11 = _____
169	9 x 6 = _____	189	6 x 12 = _____
170	6 x 7 = _____	190	12 x 8 = _____
171	10 x 10 = _____	191	8 x 7 = _____
172	9 x 8 = _____	192	9 x 11 = _____
173	8 x 10 = _____	193	11 x 6 = _____
174	12 x 10 = _____	194	12 x 9 = _____
175	7 x 12 = _____	195	7 x 7 = _____

196   6 x 6 = _____

197   10 x 7 = _____

198   11 x 10 = _____

199   11 x 9 = _____

200   12 x 11 = _____

201   12 x 12 = _____

202   10 x 11 = _____

203   7 x 9 = _____

204   8 x 9 = _____

205   11 x 7 = _____

206   10 x 12 = _____

207   9 x 9 = _____

208   6 x 9 = _____

209   10 x 8 = _____

210   8 x 6 = _____

$$\frac{\bullet}{\bullet}$$

1	$9 \div 1 =$ _____	16	$16 \div 2 =$ _____
2	$8 \div 1 =$ _____	17	$5 \div 5 =$ _____
3	$8 \div 4 =$ _____	18	$18 \div 3 =$ _____
4	$10 \div 1 =$ _____	19	$20 \div 4 =$ _____
5	$10 \div 2 =$ _____	20	$20 \div 2 =$ _____
6	$10 \div 5 =$ _____	21	$15 \div 5 =$ _____
7	$9 \div 3 =$ _____	22	$9 \div 3 =$ _____
8	$8 \div 2 =$ _____	23	$15 \div 3 =$ _____
9	$12 \div 2 =$ _____	24	$12 \div 3 =$ _____
10	$4 \div 4 =$ _____	25	$18 \div 6 =$ _____
11	$20 \div 5 =$ _____	26	$10 \div 2 =$ _____
12	$4 \div 2 =$ _____	27	$18 \div 2 =$ _____
13	$8 \div 2 =$ _____	28	$8 \div 4 =$ _____
14	$16 \div 4 =$ _____	29	$10 \div 5 =$ _____
15	$6 \div 2 =$ _____	30	$12 \div 6 =$ _____
		31	$12 \div 4 =$ _____
		32	$6 \div 6 =$ _____
		33	$6 \div 3 =$ _____
		34	$14 \div 2 =$ _____
		35	$16 \div 2 =$ _____

36	14 ÷ 7 = _____	56	24 ÷ 6 = _____
37	24 ÷ 4 = _____	57	14 ÷ 2 = _____
38	16 ÷ 4 = _____	58	18 ÷ 2 = _____
39	12 ÷ 4 = _____	59	22 ÷ 2 = _____
40	12 ÷ 6 = _____	60	25 ÷ 5 = _____
41	21 ÷ 7 = _____	61	10 ÷ 2 = _____
42	20 ÷ 2 = _____	62	20 ÷ 4 = _____
43	24 ÷ 8 = _____	63	21 ÷ 7 = _____
44	12 ÷ 2 = _____	64	28 ÷ 4 = _____
45	12 ÷ 3 = _____	65	8 ÷ 8 = _____
46	18 ÷ 3 = _____	66	32 ÷ 4 = _____
47	10 ÷ 5 = _____	67	24 ÷ 8 = _____
48	18 ÷ 6 = _____	68	16 ÷ 4 = _____
49	24 ÷ 3 = _____	69	18 ÷ 9 = _____
50	21 ÷ 3 = _____	70	30 ÷ 5 = _____
51	24 ÷ 2 = _____	71	36 ÷ 6 = _____
52	16 ÷ 8 = _____	72	12 ÷ 4 = _____
53	15 ÷ 3 = _____	73	18 ÷ 6 = _____
54	20 ÷ 5 = _____	74	24 ÷ 6 = _____
55	15 ÷ 5 = _____	75	27 ÷ 9 = _____

76	$15 \div 5 =$ _____	96	$64 \div 8 =$ _____
77	$30 \div 6 =$ _____	97	$40 \div 8 =$ _____
78	$12 \div 6 =$ _____	98	$15 \div 5 =$ _____
79	$9 \div 9 =$ _____	99	$25 \div 5 =$ _____
80	$32 \div 8 =$ _____	100	$12 \div 6 =$ _____
81	$35 \div 5 =$ _____	101	$32 \div 4 =$ _____
82	$36 \div 9 =$ _____	102	$30 \div 6 =$ _____
83	$8 \div 4 =$ _____	103	$32 \div 8 =$ _____
84	$28 \div 7 =$ _____	104	$14 \div 7 =$ _____
85	$36 \div 4 =$ _____	105	$18 \div 6 =$ _____
86	$10 \div 5 =$ _____	106	$48 \div 4 =$ _____
87	$16 \div 8 =$ _____	107	$40 \div 4 =$ _____
88	$20 \div 4 =$ _____	108	$30 \div 5 =$ _____
89	$24 \div 4 =$ _____	109	$36 \div 6 =$ _____
90	$35 \div 7 =$ _____	110	$48 \div 6 =$ _____
91	$14 \div 7 =$ _____	111	$60 \div 5 =$ _____
92	$25 \div 5 =$ _____	112	$54 \div 6 =$ _____
93	$20 \div 5 =$ _____	113	$24 \div 8 =$ _____
94	$24 \div 6 =$ _____	114	$35 \div 7 =$ _____
95	$16 \div 4 =$ _____	115	$42 \div 7 =$ _____

116	16 ÷ 8 = _____	136	63 ÷ 7 = _____
117	35 ÷ 5 = _____	137	56 ÷ 7 = _____
118	20 ÷ 5 = _____	138	35 ÷ 7 = _____
119	42 ÷ 6 = _____	139	81 ÷ 9 = _____
120	50 ÷ 5 = _____	140	88 ÷ 8 = _____
121	21 ÷ 7 = _____	141	64 ÷ 8 = _____
122	56 ÷ 8 = _____	142	56 ÷ 8 = _____
123	49 ÷ 7 = _____	143	80 ÷ 8 = _____
124	36 ÷ 4 = _____	144	36 ÷ 9 = _____
125	24 ÷ 4 = _____	145	80 ÷ 10 = _____
126	44 ÷ 4 = _____	146	72 ÷ 6 = _____
127	20 ÷ 4 = _____	147	72 ÷ 9 = _____
128	28 ÷ 4 = _____	148	56 ÷ 7 = _____
129	48 ÷ 8 = _____	149	63 ÷ 7 = _____
130	40 ÷ 5 = _____	150	50 ÷ 10 = _____
131	60 ÷ 6 = _____	151	99 ÷ 9 = _____
132	28 ÷ 7 = _____	152	90 ÷ 10 = _____
133	45 ÷ 5 = _____	153	40 ÷ 10 = _____
134	55 ÷ 5 = _____	154	60 ÷ 6 = _____
135	12 ÷ 4 = _____	155	96 ÷ 8 = _____

156	72 ÷ 8 = _____	176	70 ÷ 10 = _____
157	36 ÷ 6 = _____	177	90 ÷ 9 = _____
158	84 ÷ 7 = _____	178	54 ÷ 9 = _____
159	48 ÷ 8 = _____	179	63 ÷ 9 = _____
160	60 ÷ 10 = _____	180	45 ÷ 9 = _____
161	42 ÷ 7 = _____	181	77 ÷ 7 = _____
162	54 ÷ 6 = _____	182	36 ÷ 6 = _____
163	70 ÷ 7 = _____	183	48 ÷ 8 = _____
164	49 ÷ 7 = _____	184	80 ÷ 8 = _____
165	45 ÷ 9 = _____	185	44 ÷ 4 = _____
166	32 ÷ 8 = _____	186	49 ÷ 7 = _____
167	77 ÷ 7 = _____	187	42 ÷ 6 = _____
168	42 ÷ 6 = _____	188	72 ÷ 9 = _____
169	30 ÷ 6 = _____	189	100 ÷ 10 = _____
170	100 ÷ 10 = _____	190	64 ÷ 8 = _____
171	63 ÷ 9 = _____	191	56 ÷ 7 = _____
172	40 ÷ 8 = _____	192	72 ÷ 8 = _____
173	66 ÷ 6 = _____	193	81 ÷ 9 = _____
174	30 ÷ 10 = _____	194	32 ÷ 8 = _____
175	48 ÷ 6 = _____	195	84 ÷ 7 = _____

196	99 ÷ 9 = _____	216	55 ÷ 5 = _____
197	70 ÷ 10 = _____	217	50 ÷ 5 = _____
198	32 ÷ 4 = _____	218	36 ÷ 9 = _____
199	110 ÷ 10 = _____	219	30 ÷ 5 = _____
200	35 ÷ 7 = _____	220	30 ÷ 6 = _____
201	66 ÷ 6 = _____	221	63 ÷ 7 = _____
202	84 ÷ 4 = _____	222	96 ÷ 8 = _____
203	60 ÷ 10 = _____	223	24 ÷ 6 = _____
204	95 ÷ 5 = _____	224	48 ÷ 4 = _____
205	40 ÷ 8 = _____	225	40 ÷ 10 = _____
206	28 ÷ 4 = _____	226	40 ÷ 4 = _____
207	50 ÷ 10 = _____	227	60 ÷ 6 = _____
208	108 ÷ 9 = _____	228	54 ÷ 9 = _____
209	70 ÷ 7 = _____	229	60 ÷ 5 = _____
210	25 ÷ 5 = _____	230	35 ÷ 5 = _____
211	90 ÷ 10 = _____	231	72 ÷ 6 = _____
212	24 ÷ 8 = _____	232	90 ÷ 9 = _____
213	27 ÷ 9 = _____	233	28 ÷ 7 = _____
214	80 ÷ 10 = _____	234	24 ÷ 4 = _____
215	30 ÷ 10 = _____	235	56 ÷ 8 = _____

236	54 ÷ 6 = _____		256	96 ÷ 8 = _____
237	42 ÷ 7 = _____		257	60 ÷ 6 = _____
238	88 ÷ 8 = _____		258	84 ÷ 7 = _____
239	36 ÷ 4 = _____		259	121 ÷ 11 = _____
240	45 ÷ 5 = _____		260	77 ÷ 7 = _____
241	48 ÷ 6 = _____		261	42 ÷ 7 = _____
242	40 ÷ 5 = _____		262	50 ÷ 10 = _____
243	81 ÷ 9 = _____		263	108 ÷ 9 = _____
244	56 ÷ 7 = _____		264	96 ÷ 12 = _____
245	90 ÷ 10 = _____		265	77 ÷ 11 = _____
246	110 ÷ 10 = _____		266	60 ÷ 10 = _____
247	72 ÷ 9 = _____		267	63 ÷ 9 = _____
248	40 ÷ 10 = _____		268	48 ÷ 8 = _____
249	42 ÷ 6 = _____		269	84 ÷ 12 = _____
250	60 ÷ 12 = _____		270	36 ÷ 6 = _____
251	54 ÷ 9 = _____		271	48 ÷ 12 = _____
252	48 ÷ 6 = _____		272	120 ÷ 10 = _____
253	110 ÷ 11 = _____		273	88 ÷ 8 = _____
254	72 ÷ 8 = _____		274	70 ÷ 10 = _____
255	45 ÷ 9 = _____		275	36 ÷ 9 = _____

276	$64 \div 8 =$ _____	296	$66 \div 6 =$ _____
277	$100 \div 10 =$ _____	297	$144 \div 12 =$ _____
278	$132 \div 11 =$ _____	298	$44 \div 11 =$ _____
279	$72 \div 12 =$ _____	299	$36 \div 12 =$ _____
280	$132 \div 12 =$ _____	300	$56 \div 8 =$ _____
281	$90 \div 9 =$ _____	301	$108 \div 12 =$ _____
282	$66 \div 11 =$ _____		
283	$55 \div 11 =$ _____		
284	$99 \div 11 =$ _____		
285	$140 \div 7 =$ _____		
286	$70 \div 7 =$ _____		
287	$80 \div 10 =$ _____		
288	$99 \div 9 =$ _____		
289	$40 \div 8 =$ _____		
290	$120 \div 12 =$ _____		
291	$72 \div 6 =$ _____		
292	$54 \div 6 =$ _____		
293	$49 \div 7 =$ _____		
294	$88 \div 11 =$ _____		
295	$80 \div 8 =$ _____		

=

+

1	2 + 4 = 6
2	5 + 5 = 10
3	2 + 0 = 2
4	1 + 2 = 3
5	0 + 1 = 1
6	4 + 4 = 8
7	2 + 5 = 7
8	5 + 1 = 6
9	1 + 4 = 5
10	5 + 4 = 9
11	4 + 1 = 5
12	3 + 4 = 7
13	3 + 0 = 3
14	5 + 3 = 8
15	2 + 2 = 4
16	0 + 4 = 4
17	1 + 0 = 1
18	5 + 0 = 5
19	1 + 3 = 4
20	3 + 2 = 5
21	5 + 2 = 7
22	1 + 5 = 6
23	0 + 2 = 2
24	4 + 2 = 6
25	0 + 0 = 0
26	4 + 3 = 7
27	4 + 0 = 4
28	2 + 3 = 5
29	0 + 5 = 5
30	2 + 1 = 3
31	3 + 1 = 4
32	1 + 1 = 2
33	3 + 3 = 6

34	3 + 5 = 8	54	6 + 5 = 11
35	4 + 5 = 9	55	5 + 8 = 13
36	0 + 3 = 3	56	8 + 4 = 12
37	8 + 6 = 14	57	8 + 8 = 16
38	7 + 8 = 15	58	4 + 7 = 11
39	4 + 6 = 10	59	8 + 9 = 17
40	6 + 9 = 15	60	8 + 7 = 15
41	6 + 4 = 10	61	4 + 4 = 8
42	8 + 5 = 13	62	5 + 6 = 11
43	7 + 4 = 11	63	4 + 9 = 13
44	9 + 5 = 14	64	5 + 7 = 12
45	5 + 4 = 9	65	6 + 8 = 14
46	9 + 7 = 16	66	6 + 6 = 12
47	4 + 8 = 12	67	4 + 5 = 9
48	6 + 7 = 13	68	7 + 9 = 16
49	7 + 5 = 12	69	5 + 9 = 14
50	9 + 4 = 13	70	9 + 6 = 15
51	7 + 7 = 14	71	9 + 9 = 18
52	7 + 6 = 13	72	5 + 5 = 10
53	9 + 8 = 17	73	17 + 9 = 26

74	11 + 7 = 18	94	20 + 6 = 26
75	28 + 10 = 38	95	18 + 10 = 28
76	29 + 6 = 35	96	14 + 6 = 20
77	16 + 10 = 26	97	10 + 7 = 17
78	18 + 7 = 25	98	20 + 8 = 28
79	21 + 10 = 31	99	21 + 8 = 29
80	30 + 6 = 36	100	18 + 9 = 27
81	14 + 8 = 22	101	25 + 10 = 35
82	27 + 6 = 33	102	29 + 9 = 38
83	11 + 8 = 19	103	27 + 8 = 35
84	15 + 9 = 24	104	13 + 8 = 21
85	19 + 7 = 26	105	19 + 8 = 27
86	22 + 8 = 30	106	19 + 6 = 25
87	24 + 9 = 33	107	21 + 9 = 30
88	26 + 9 = 35	108	28 + 8 = 36
89	25 + 8 = 33	109	18 + 26 = 44
90	20 + 10 = 30	110	15 + 11 = 26
91	16 + 9 = 25	111	30 + 12 = 42
92	12 + 10 = 22	112	27 + 12 = 39
93	29 + 10 = 39	113	30 + 28 = 58

114	24 + 13 = 37	134	30 + 24 = 54
115	26 + 28 = 54	135	12 + 26 = 38
116	27 + 11 = 38	136	22 + 10 = 32
117	15 + 16 = 31	137	30 + 13 = 43
118	13 + 26 = 39	138	17 + 11 = 28
119	12 + 14 = 26	139	26 + 12 = 38
120	21 + 16 = 37	140	26 + 26 = 52
121	21 + 25 = 46	141	30 + 21 = 51
122	14 + 12 = 26	142	12 + 17 = 29
123	15 + 27 = 42	143	11 + 27 = 38
124	24 + 20 = 44	144	21 + 22 = 43
125	29 + 17 = 46	145	26 + 15 = 41
126	29 + 16 = 45	146	10 + 21 = 31
127	12 + 25 = 37	147	11 + 22 = 33
128	18 + 18 = 36	148	13 + 24 = 37
129	12 + 15 = 27	149	15 + 24 = 39
130	12 + 24 = 36	150	17 + 18 = 35
131	16 + 26 = 42	151	16 + 29 = 45
132	29 + 10 = 39	152	19 + 13 = 32
133	20 + 21 = 41	153	27 + 16 = 43

154	16 + 10 = 26	174	20 + 12 = 32
155	20 + 25 = 45	175	24 + 28 = 52
156	13 + 23 = 36	176	12 + 10 = 22
157	20 + 16 = 36	177	27 + 27 = 54
158	16 + 18 = 34	178	26 + 25 = 51
159	16 + 22 = 38	179	29 + 29 = 58
160	25 + 16 = 41	180	10 + 26 = 36
161	16 + 15 = 31	181	23 + 16 = 39
162	22 + 16 = 38	182	12 + 29 = 41
163	28 + 13 = 41	183	24 + 21 = 45
164	30 + 23 = 53	184	25 + 27 = 52
165	21 + 13 = 34	185	22 + 28 = 50
166	23 + 11 = 34	186	21 + 10 = 31
167	23 + 28 = 51	187	29 + 14 = 43
168	15 + 17 = 32	188	15 + 19 = 34
169	22 + 30 = 52	189	17 + 12 = 29
170	27 + 18 = 45	190	16 + 27 = 43
171	30 + 19 = 49	191	11 + 15 = 26
172	27 + 22 = 49	192	21 + 29 = 50
173	30 + 15 = 45	193	28 + 14 = 42

194	11 + 13 = 24	214	16 + 12 = 28
195	27 + 17 = 44	215	29 + 28 = 57
196	28 + 27 = 55	216	28 + 20 = 48
197	29 + 25 = 54	217	10 + 28 = 38
198	29 + 27 = 56	218	11 + 10 = 21
199	30 + 11 = 41	219	26 + 21 = 47
200	25 + 24 = 49	220	18 + 13 = 31
201	25 + 20 = 45	221	14 + 25 = 39
202	12 + 28 = 40	222	25 + 26 = 51
203	25 + 13 = 38	223	24 + 29 = 53
204	11 + 14 = 25	224	22 + 17 = 39
205	23 + 13 = 36	225	12 + 21 = 33
206	22 + 25 = 47	226	22 + 19 = 41
207	21 + 23 = 44	227	11 + 28 = 39
208	10 + 10 = 20	228	14 + 23 = 37
209	24 + 14 = 38	229	16 + 24 = 40
210	13 + 20 = 33	230	11 + 24 = 35
211	16 + 30 = 46	231	27 + 20 = 47
212	10 + 13 = 23	232	14 + 22 = 36
213	29 + 18 = 47	233	27 + 30 = 57

234	14 + 26 = 40	254	25 + 10 = 35
235	13 + 13 = 26	255	29 + 12 = 41
236	21 + 30 = 51	256	23 + 12 = 35
237	20 + 19 = 39	257	28 + 17 = 45
238	13 + 29 = 42	258	15 + 28 = 43
239	25 + 15 = 40	259	20 + 14 = 34
240	15 + 14 = 29	260	27 + 14 = 41
241	20 + 18 = 38	261	10 + 14 = 24
242	26 + 13 = 39	262	18 + 15 = 33
243	13 + 25 = 38	263	10 + 25 = 35
244	25 + 30 = 55	264	15 + 15 = 30
245	26 + 27 = 53	265	30 + 17 = 47
246	14 + 24 = 38	266	30 + 14 = 44
247	29 + 30 = 59	267	26 + 20 = 46
248	14 + 16 = 30	268	25 + 22 = 47
249	20 + 10 = 30	269	23 + 18 = 41
250	27 + 13 = 40	270	14 + 10 = 24
251	20 + 20 = 40	271	28 + 19 = 47
252	20 + 24 = 44	272	18 + 29 = 47
253	26 + 14 = 40	273	20 + 30 = 50

274	24 + 23 = 47	294	11 + 23 = 34
275	16 + 28 = 44	295	21 + 14 = 35
276	23 + 25 = 48	296	28 + 26 = 54
277	23 + 15 = 38	297	16 + 19 = 35
278	28 + 18 = 46	298	19 + 17 = 36
279	16 + 17 = 33	299	29 + 15 = 44
280	23 + 23 = 46	300	12 + 23 = 35
281	19 + 26 = 45	301	11 + 12 = 23
282	11 + 17 = 28	302	18 + 28 = 46
283	10 + 18 = 28	303	29 + 24 = 53
284	17 + 29 = 46	304	25 + 21 = 46
285	18 + 11 = 29	305	30 + 10 = 40
286	30 + 20 = 50	306	17 + 15 = 32
287	13 + 18 = 31	307	27 + 19 = 46
288	17 + 16 = 33	308	18 + 12 = 30
289	10 + 23 = 33	309	19 + 25 = 44
290	11 + 26 = 37	310	24 + 22 = 46
291	13 + 15 = 28	311	12 + 12 = 24
292	18 + 17 = 35	312	24 + 12 = 36
293	27 + 15 = 42	313	15 + 21 = 36

314	10 + 30 = 40	334	10 + 29 = 39
315	10 + 24 = 34	335	10 + 15 = 25
316	18 + 25 = 43	336	25 + 28 = 53
317	15 + 26 = 41	337	18 + 19 = 37
318	27 + 10 = 37	338	30 + 16 = 46
319	16 + 16 = 32	339	27 + 25 = 52
320	23 + 10 = 33	340	14 + 21 = 35
321	30 + 27 = 57	341	12 + 11 = 23
322	17 + 30 = 47	342	14 + 29 = 43
323	18 + 16 = 34	343	28 + 23 = 51
324	17 + 24 = 41	344	29 + 13 = 42
325	28 + 11 = 39	345	16 + 11 = 27
326	21 + 21 = 42	346	15 + 29 = 44
327	29 + 22 = 51	347	15 + 10 = 25
328	17 + 19 = 36	348	22 + 21 = 43
329	25 + 19 = 44	349	28 + 16 = 44
330	22 + 11 = 33	350	23 + 14 = 37
331	25 + 17 = 42	351	22 + 26 = 48
332	19 + 22 = 41	352	22 + 23 = 45
333	16 + 21 = 37	353	12 + 27 = 39

354	30 + 18 = 48	374	17 + 10 = 27
355	19 + 21 = 40	375	21 + 28 = 49
356	13 + 27 = 40	376	29 + 21 = 50
357	18 + 30 = 48	377	24 + 10 = 34
358	26 + 29 = 55	378	11 + 11 = 22
359	21 + 15 = 36	379	29 + 11 = 40
360	12 + 18 = 30	380	20 + 27 = 47
361	21 + 27 = 48	381	20 + 11 = 31
362	26 + 10 = 36	382	24 + 26 = 50
363	21 + 12 = 33	383	26 + 22 = 48
364	19 + 20 = 39	384	13 + 19 = 32
365	22 + 12 = 34	385	23 + 19 = 42
366	30 + 22 = 52	386	19 + 28 = 47
367	28 + 30 = 58	387	28 + 28 = 56
368	24 + 15 = 39	388	28 + 24 = 52
369	19 + 10 = 29	389	21 + 26 = 47
370	12 + 20 = 32	390	27 + 21 = 48
371	20 + 13 = 33	391	18 + 24 = 42
372	11 + 20 = 31	392	20 + 23 = 43
373	30 + 25 = 55	393	14 + 18 = 32

394	22 + 13 = 35	414	11 + 18 = 29
395	28 + 21 = 49	415	29 + 26 = 55
396	21 + 11 = 32	416	27 + 26 = 53
397	15 + 25 = 40	417	24 + 24 = 48
398	22 + 27 = 49	418	24 + 25 = 49
399	17 + 21 = 38	419	28 + 25 = 53
400	22 + 20 = 42	420	10 + 17 = 27
401	21 + 24 = 45	421	14 + 27 = 41
402	21 + 19 = 40	422	13 + 12 = 25
403	23 + 30 = 53	423	17 + 14 = 31
404	19 + 18 = 37	424	12 + 13 = 25
405	21 + 17 = 38	425	22 + 14 = 36
406	17 + 17 = 34	426	13 + 16 = 29
407	28 + 10 = 38	427	23 + 24 = 47
408	20 + 22 = 42	428	26 + 16 = 42
409	19 + 15 = 34	429	26 + 17 = 43
410	28 + 12 = 40	430	10 + 20 = 30
411	14 + 17 = 31	431	26 + 18 = 44
412	13 + 17 = 30	432	22 + 24 = 46
413	30 + 29 = 59	433	13 + 28 = 41

434	20 + 28 = 48	454	23 + 20 = 43
435	24 + 16 = 40	455	14 + 11 = 25
436	28 + 22 = 50	456	27 + 29 = 56
437	11 + 21 = 32	457	25 + 12 = 37
438	30 + 30 = 60	458	16 + 25 = 41
439	17 + 26 = 43	459	14 + 13 = 27
440	19 + 23 = 42	460	30 + 26 = 56
441	15 + 22 = 37	461	29 + 20 = 49
442	25 + 18 = 43	462	18 + 22 = 40
443	29 + 23 = 52	463	13 + 21 = 34
444	19 + 27 = 46	464	25 + 25 = 50
445	13 + 10 = 23	465	17 + 13 = 30
446	14 + 28 = 42	466	14 + 15 = 29
447	19 + 16 = 35	467	17 + 20 = 37
448	28 + 15 = 43	468	29 + 19 = 48
449	20 + 29 = 49	469	27 + 23 = 50
450	11 + 29 = 40	470	19 + 19 = 38
451	23 + 26 = 49	471	19 + 29 = 48
452	23 + 29 = 52	472	10 + 19 = 29
453	16 + 20 = 36	473	18 + 20 = 38

474	13 + 22 = 35	494	23 + 22 = 45
475	12 + 30 = 42	495	24 + 30 = 54
476	12 + 19 = 31	496	26 + 30 = 56
477	25 + 29 = 54	497	26 + 24 = 50
478	17 + 25 = 42	498	18 + 27 = 45
479	22 + 15 = 37	499	16 + 13 = 29
480	10 + 11 = 21	500	15 + 30 = 45
481	27 + 24 = 51	501	27 + 28 = 55
482	18 + 10 = 28	502	21 + 18 = 39
483	24 + 27 = 51	503	15 + 20 = 35
484	11 + 30 = 41	504	10 + 27 = 37
485	15 + 12 = 27	505	17 + 23 = 40
486	21 + 20 = 41	506	11 + 16 = 27
487	11 + 19 = 30	507	19 + 12 = 31
488	23 + 27 = 50	508	14 + 19 = 33
489	26 + 23 = 49	509	15 + 13 = 28
490	13 + 30 = 43	510	17 + 27 = 44
491	20 + 17 = 37	511	24 + 11 = 35
492	18 + 21 = 39	512	24 + 17 = 41
493	23 + 21 = 44	513	11 + 25 = 36

514	18 + 23 = 41	534	15 + 18 = 33
515	24 + 19 = 43	535	22 + 18 = 40
516	19 + 14 = 33	536	16 + 14 = 30
517	15 + 23 = 38	537	14 + 20 = 34
518	17 + 22 = 39	538	25 + 11 = 36
519	26 + 19 = 45	539	20 + 15 = 35
520	18 + 14 = 32	540	20 + 26 = 46
521	10 + 12 = 22	541	10 + 22 = 32
522	13 + 11 = 24	542	23 + 17 = 40
523	12 + 22 = 34	543	25 + 14 = 39
524	22 + 29 = 51	544	17 + 28 = 45
525	19 + 24 = 43	545	22 + 22 = 44
526	14 + 14 = 28	546	42 + 31 = 73
527	19 + 30 = 49	547	26 + 20 = 46
528	26 + 11 = 37	548	31 + 44 = 75
529	13 + 14 = 27	549	34 + 36 = 70
530	24 + 18 = 42	550	25 + 46 = 71
531	28 + 29 = 57	551	38 + 35 = 73
532	12 + 16 = 28	552	50 + 27 = 77
533	14 + 30 = 44	553	23 + 41 = 64

554	35 + 36 = 71	574	39 + 43 = 82
555	32 + 46 = 78	575	35 + 23 = 58
556	44 + 50 = 94	576	44 + 33 = 77
557	23 + 29 = 52	577	26 + 44 = 70
558	24 + 37 = 61	578	23 + 35 = 58
559	29 + 43 = 72	579	41 + 34 = 75
560	32 + 23 = 55	580	20 + 29 = 49
561	32 + 21 = 53	581	27 + 49 = 76
562	50 + 41 = 91	582	40 + 37 = 77
563	40 + 30 = 70	583	27 + 30 = 57
564	49 + 24 = 73	584	21 + 33 = 54
565	30 + 25 = 55	585	38 + 42 = 80
566	39 + 44 = 83	586	30 + 40 = 70
567	25 + 42 = 67	587	48 + 39 = 87
568	36 + 27 = 63	588	29 + 29 = 58
569	42 + 22 = 64	589	40 + 29 = 69
570	23 + 39 = 62	590	49 + 33 = 82
571	27 + 21 = 48	591	27 + 40 = 67
572	39 + 26 = 65	592	35 + 33 = 68
573	46 + 40 = 86	593	33 + 39 = 72

594	26 + 49 = 75	614	50 + 33 = 83
595	46 + 37 = 83	615	46 + 22 = 68
596	38 + 21 = 59	616	34 + 28 = 62
597	26 + 36 = 62	617	44 + 25 = 69
598	43 + 39 = 82	618	20 + 30 = 50
599	35 + 45 = 80	619	45 + 42 = 87
600	23 + 30 = 53	620	21 + 47 = 68
601	24 + 36 = 60	621	35 + 24 = 59
602	23 + 20 = 43	622	32 + 39 = 71
603	49 + 44 = 93	623	21 + 32 = 53
604	39 + 34 = 73	624	32 + 34 = 66
605	40 + 27 = 67	625	47 + 37 = 84
606	32 + 35 = 67	626	30 + 30 = 60
607	50 + 43 = 93	627	29 + 20 = 49
608	46 + 20 = 66	628	35 + 38 = 73
609	25 + 32 = 57	629	24 + 47 = 71
610	31 + 50 = 81	630	23 + 42 = 65
611	41 + 36 = 77	631	28 + 27 = 55
612	46 + 21 = 67	632	48 + 30 = 78
613	32 + 44 = 76	633	36 + 36 = 72

634	21 + 31 = 52	654	30 + 27 = 57
635	39 + 21 = 60	655	39 + 28 = 67
636	23 + 32 = 55	656	35 + 37 = 72
637	34 + 29 = 63	657	38 + 31 = 69
638	21 + 43 = 64	658	22 + 21 = 43
639	21 + 28 = 49	659	42 + 35 = 77
640	41 + 24 = 65	660	46 + 31 = 77
641	36 + 31 = 67	661	33 + 40 = 73
642	40 + 34 = 74	662	32 + 36 = 68
643	35 + 50 = 85	663	28 + 33 = 61
644	50 + 40 = 90	664	48 + 34 = 82
645	47 + 20 = 67	665	48 + 47 = 95
646	24 + 25 = 49	666	35 + 21 = 56
647	40 + 32 = 72	667	20 + 37 = 57
648	48 + 50 = 98	668	26 + 42 = 68
649	40 + 25 = 65	669	36 + 39 = 75
650	47 + 40 = 87	670	31 + 22 = 53
651	29 + 39 = 68	671	21 + 46 = 67
652	28 + 31 = 59	672	32 + 27 = 59
653	40 + 21 = 61	673	36 + 50 = 86

674	44 + 45 = 89	694	48 + 41 = 89
675	39 + 40 = 79	695	40 + 33 = 73
676	21 + 44 = 65	696	28 + 30 = 58
677	50 + 29 = 79	697	22 + 47 = 69
678	40 + 42 = 82	698	42 + 34 = 76
679	39 + 50 = 89	699	22 + 42 = 64
680	32 + 28 = 60	700	49 + 36 = 85
681	40 + 44 = 84	701	32 + 41 = 73
682	30 + 45 = 75	702	41 + 25 = 66
683	50 + 48 = 98	703	45 + 30 = 75
684	22 + 25 = 47	704	34 + 25 = 59
685	32 + 47 = 79	705	41 + 47 = 88
686	28 + 38 = 66	706	47 + 38 = 85
687	39 + 48 = 87	707	27 + 45 = 72
688	34 + 47 = 81	708	34 + 31 = 65
689	46 + 50 = 96	709	37 + 39 = 76
690	33 + 30 = 63	710	36 + 49 = 85
691	28 + 22 = 50	711	35 + 43 = 78
692	43 + 47 = 90	712	41 + 27 = 68
693	47 + 47 = 94	713	38 + 27 = 65

714	34 + 44 = 78	734	27 + 35 = 62
715	20 + 36 = 56	735	22 + 37 = 59
716	38 + 30 = 68	736	45 + 49 = 94
717	39 + 24 = 63	737	23 + 46 = 69
718	20 + 44 = 64	738	44 + 21 = 65
719	40 + 35 = 75	739	37 + 43 = 80
720	46 + 43 = 89	740	38 + 23 = 61
721	30 + 46 = 76	741	38 + 37 = 75
722	39 + 22 = 61	742	22 + 35 = 57
723	23 + 43 = 66	743	45 + 38 = 83
724	22 + 44 = 66	744	46 + 25 = 71
725	45 + 45 = 90	745	39 + 38 = 77
726	26 + 33 = 59	746	34 + 50 = 84
727	48 + 20 = 68	747	26 + 40 = 66
728	49 + 34 = 83	748	30 + 49 = 79
729	27 + 50 = 77	749	20 + 23 = 43
730	37 + 36 = 73	750	30 + 33 = 63
731	41 + 41 = 82	751	25 + 50 = 75
732	31 + 20 = 51	752	46 + 39 = 85
733	24 + 42 = 66	753	23 + 26 = 49

754	48 + 33 = 81		774	34 + 35 = 69
755	27 + 20 = 47		775	47 + 35 = 82
756	34 + 20 = 54		776	26 + 28 = 54
757	47 + 21 = 68		777	30 + 48 = 78
758	25 + 39 = 64		778	39 + 33 = 72
759	48 + 29 = 77		779	47 + 22 = 69
760	30 + 23 = 53		780	28 + 37 = 65
761	35 + 39 = 74		781	24 + 38 = 62
762	37 + 44 = 81		782	48 + 38 = 86
763	42 + 48 = 90		783	35 + 34 = 69
764	45 + 22 = 67		784	38 + 36 = 74
765	47 + 30 = 77		785	35 + 22 = 57
766	22 + 32 = 54		786	41 + 31 = 72
767	48 + 40 = 88		787	37 + 47 = 84
768	23 + 48 = 71		788	24 + 34 = 58
769	23 + 38 = 61		789	20 + 24 = 44
770	30 + 35 = 65		790	44 + 20 = 64
771	42 + 36 = 78		791	23 + 44 = 67
772	30 + 29 = 59		792	50 + 50 = 100
773	21 + 23 = 44		793	41 + 28 = 69

794	34 + 33 = 67	814	21 + 42 = 63
795	28 + 50 = 78	815	50 + 25 = 75
796	33 + 22 = 55	816	24 + 20 = 44
797	45 + 29 = 74	817	40 + 28 = 68
798	42 + 27 = 69	818	37 + 50 = 87
799	50 + 28 = 78	819	34 + 26 = 60
800	21 + 50 = 71	820	41 + 32 = 73
801	20 + 27 = 47	821	39 + 41 = 80
802	32 + 22 = 54	822	29 + 48 = 77
803	34 + 40 = 74	823	27 + 39 = 66
804	37 + 31 = 68	824	31 + 41 = 72
805	26 + 26 = 52	825	39 + 46 = 85
806	40 + 40 = 80	826	22 + 50 = 72
807	43 + 24 = 67	827	30 + 37 = 67
808	29 + 46 = 75	828	46 + 38 = 84
809	33 + 42 = 75	829	32 + 42 = 74
810	27 + 29 = 56	830	42 + 45 = 87
811	48 + 35 = 83	831	30 + 41 = 71
812	49 + 30 = 79	832	28 + 46 = 74
813	21 + 29 = 50	833	27 + 44 = 71

834	41 + 20 = 61	854	48 + 28 = 76
835	39 + 37 = 76	855	31 + 24 = 55
836	50 + 38 = 88	856	26 + 50 = 76
837	43 + 50 = 93	857	26 + 30 = 56
838	29 + 27 = 56	858	45 + 50 = 95
839	35 + 26 = 61	859	46 + 47 = 93
840	46 + 34 = 80	860	28 + 32 = 60
841	25 + 47 = 72	861	20 + 25 = 45
842	36 + 44 = 80	862	33 + 41 = 74
843	46 + 24 = 70	863	29 + 26 = 55
844	30 + 21 = 51	864	27 + 41 = 68
845	24 + 27 = 51	865	40 + 43 = 83
846	35 + 40 = 75	866	21 + 49 = 70
847	26 + 46 = 72	867	41 + 33 = 74
848	32 + 25 = 57	868	30 + 42 = 72
849	49 + 20 = 69	869	42 + 32 = 74
850	37 + 30 = 67	870	21 + 21 = 42
851	31 + 38 = 69	871	44 + 40 = 84
852	31 + 31 = 62	872	40 + 23 = 63
853	28 + 47 = 75	873	50 + 26 = 76

874	40 + 45 = 85	894	49 + 46 = 95
875	41 + 37 = 78	895	41 + 42 = 83
876	26 + 45 = 71	896	42 + 21 = 63
877	26 + 41 = 67	897	40 + 38 = 78
878	42 + 29 = 71	898	50 + 47 = 97
879	39 + 31 = 70	899	48 + 42 = 90
880	30 + 36 = 66	900	24 + 26 = 50
881	36 + 21 = 57	901	43 + 36 = 79
882	43 + 20 = 63	902	44 + 22 = 66
883	26 + 27 = 53	903	26 + 32 = 58
884	25 + 33 = 58	904	38 + 39 = 77
885	43 + 21 = 64	905	24 + 29 = 53
886	37 + 40 = 77	906	31 + 36 = 67
887	48 + 44 = 92	907	47 + 23 = 70
888	33 + 45 = 78	908	49 + 42 = 91
889	33 + 20 = 53	909	43 + 33 = 76
890	48 + 37 = 85	910	44 + 29 = 73
891	35 + 42 = 77	911	46 + 23 = 69
892	32 + 30 = 62	912	32 + 50 = 82
893	26 + 24 = 50	913	45 + 34 = 79

914	36 + 26 = 62	934	38 + 46 = 84
915	29 + 25 = 54	935	45 + 26 = 71
916	38 + 24 = 62	936	35 + 41 = 76
917	40 + 48 = 88	937	27 + 43 = 70
918	38 + 20 = 58	938	20 + 42 = 62
919	27 + 25 = 52	939	20 + 40 = 60
920	44 + 38 = 82	940	34 + 39 = 73
921	37 + 24 = 61	941	48 + 49 = 97
922	46 + 30 = 76	942	46 + 46 = 92
923	31 + 37 = 68	943	37 + 23 = 60
924	47 + 39 = 86	944	45 + 31 = 76
925	26 + 48 = 74	945	43 + 23 = 66
926	28 + 20 = 48	946	45 + 44 = 89
927	50 + 24 = 74	947	37 + 48 = 85
928	42 + 26 = 68	948	49 + 32 = 81
929	26 + 43 = 69	949	37 + 42 = 79
930	38 + 34 = 72	950	20 + 21 = 41
931	44 + 41 = 85	951	48 + 27 = 75
932	49 + 31 = 80	952	42 + 28 = 70
933	32 + 24 = 56	953	41 + 50 = 91

954   46 + 45 = 91

955   49 + 39 = 88

956   25 + 23 = 48

957   20 + 22 = 42

958   37 + 41 = 78

959   28 + 21 = 49

960   34 + 45 = 79

961   33 + 49 = 82

962   28 + 24 = 52

963   37 + 22 = 59

964   40 + 46 = 86

965   43 + 22 = 65

966   35 + 48 = 83

967   22 + 29 = 51

968   22 + 33 = 55

969   36 + 43 = 79

970   25 + 30 = 55

971   42 + 20 = 62

972   49 + 38 = 87

973   25 + 37 = 62

974   42 + 42 = 84

975   32 + 49 = 81

976   35 + 49 = 84

977   20 + 46 = 66

978   37 + 34 = 71

979   26 + 25 = 51

980   30 + 31 = 61

981   46 + 26 = 72

982   42 + 50 = 92

983   31 + 26 = 57

984   31 + 49 = 80

985   39 + 29 = 68

986   24 + 30 = 54

987   35 + 44 = 79

988   43 + 41 = 84

989   22 + 39 = 61

990   31 + 40 = 71

991   43 + 30 = 73

992   31 + 48 = 79

993   29 + 33 = 62

994	41 + 40 = 81	1014	43 + 28 = 71
995	37 + 33 = 70	1015	25 + 22 = 47
996	37 + 20 = 57	1016	20 + 43 = 63
997	40 + 39 = 79	1017	33 + 50 = 83
998	34 + 22 = 56	1018	29 + 35 = 64
999	24 + 33 = 57	1019	20 + 39 = 59
1000	21 + 41 = 62	1020	29 + 34 = 63
1001	38 + 43 = 81	1021	28 + 42 = 70
1002	39 + 30 = 69	1022	25 + 43 = 68
1003	27 + 31 = 58	1023	46 + 48 = 94
1004	40 + 50 = 90	1024	38 + 33 = 71
1005	47 + 42 = 89	1025	35 + 29 = 64
1006	42 + 23 = 65	1026	26 + 23 = 49
1007	38 + 45 = 83	1027	36 + 46 = 82
1008	35 + 20 = 55	1028	33 + 28 = 61
1009	35 + 25 = 60	1029	47 + 33 = 80
1010	28 + 25 = 53	1030	39 + 36 = 75
1011	29 + 49 = 78	1031	24 + 49 = 73
1012	28 + 28 = 56	1032	49 + 26 = 75
1013	49 + 27 = 76	1033	47 + 26 = 73

1034	26 + 38 = 64	1054	37 + 25 = 62
1035	37 + 26 = 63	1055	23 + 21 = 44
1036	32 + 43 = 75	1056	33 + 25 = 58
1037	33 + 47 = 80	1057	20 + 48 = 68
1038	27 + 47 = 74	1058	30 + 34 = 64
1039	31 + 28 = 59	1059	36 + 47 = 83
1040	49 + 28 = 77	1060	20 + 28 = 48
1041	26 + 35 = 61	1061	30 + 47 = 77
1042	45 + 37 = 82	1062	24 + 22 = 46
1043	42 + 24 = 66	1063	21 + 25 = 46
1044	38 + 44 = 82	1064	21 + 45 = 66
1045	49 + 48 = 97	1065	23 + 28 = 51
1046	29 + 30 = 59	1066	45 + 27 = 72
1047	40 + 36 = 76	1067	30 + 22 = 52
1048	48 + 25 = 73	1068	24 + 35 = 59
1049	40 + 26 = 66	1069	36 + 25 = 61
1050	22 + 31 = 53	1070	37 + 49 = 86
1051	21 + 36 = 57	1071	50 + 39 = 89
1052	47 + 45 = 92	1072	26 + 31 = 57
1053	34 + 24 = 58	1073	20 + 49 = 69

1074	44 + 28 = 72	1094	48 + 22 = 70
1075	44 + 46 = 90	1095	34 + 41 = 75
1076	43 + 43 = 86	1096	42 + 39 = 81
1077	37 + 21 = 58	1097	29 + 50 = 79
1078	34 + 43 = 77	1098	41 + 29 = 70
1079	24 + 41 = 65	1099	47 + 34 = 81
1080	30 + 28 = 58	1100	20 + 41 = 61
1081	31 + 39 = 70	1101	36 + 37 = 73
1082	33 + 34 = 67	1102	35 + 35 = 70
1083	42 + 30 = 72	1103	34 + 38 = 72
1084	46 + 44 = 90	1104	38 + 29 = 67
1085	23 + 34 = 57	1105	21 + 48 = 69
1086	27 + 36 = 63	1106	32 + 26 = 58
1087	38 + 47 = 85	1107	33 + 37 = 70
1088	44 + 34 = 78	1108	40 + 49 = 89
1089	36 + 24 = 60	1109	41 + 23 = 64
1090	50 + 35 = 85	1110	50 + 21 = 71
1091	39 + 23 = 62	1111	30 + 26 = 56
1092	34 + 49 = 83	1112	45 + 21 = 66
1093	22 + 38 = 60	1113	29 + 40 = 69

1114	21 + 38 = 59	1134	38 + 32 = 70
1115	37 + 35 = 72	1135	33 + 48 = 81
1116	36 + 29 = 65	1136	33 + 38 = 71
1117	25 + 49 = 74	1137	50 + 30 = 80
1118	21 + 40 = 61	1138	36 + 33 = 69
1119	50 + 20 = 70	1139	24 + 23 = 47
1120	33 + 36 = 69	1140	39 + 25 = 64
1121	24 + 32 = 56	1141	44 + 48 = 92
1122	37 + 46 = 83	1142	30 + 44 = 74
1123	44 + 42 = 86	1143	39 + 39 = 78
1124	23 + 40 = 63	1144	36 + 32 = 68
1125	50 + 45 = 95	1145	20 + 32 = 52
1126	36 + 38 = 74	1146	30 + 38 = 68
1127	43 + 25 = 68	1147	25 + 28 = 53
1128	20 + 33 = 53	1148	40 + 20 = 60
1129	45 + 36 = 81	1149	28 + 45 = 73
1130	46 + 41 = 87	1150	48 + 26 = 74
1131	50 + 32 = 82	1151	43 + 31 = 74
1132	24 + 45 = 69	1152	47 + 36 = 83
1133	33 + 33 = 66	1153	21 + 39 = 60

1154   44 + 37 = 81   1174   31 + 21 = 52

1155   33 + 32 = 65   1175   34 + 32 = 66

1156   31 + 33 = 64   1176   27 + 42 = 69

1157   44 + 39 = 83   1177   41 + 38 = 79

1158   32 + 32 = 64   1178   25 + 35 = 60

1159   29 + 22 = 51   1179   43 + 46 = 89

1160   41 + 30 = 71   1180   22 + 43 = 65

1161   27 + 27 = 54   1181   35 + 31 = 66

1162   25 + 41 = 66   1182   43 + 49 = 92

1163   28 + 48 = 76   1183   23 + 37 = 60

1164   23 + 24 = 47   1184   47 + 24 = 71

1165   24 + 39 = 63   1185   22 + 30 = 52

1166   25 + 36 = 61   1186   24 + 43 = 67

1167   34 + 21 = 55   1187   32 + 31 = 63

1168   36 + 42 = 78   1188   47 + 32 = 79

1169   31 + 45 = 76   1189   23 + 27 = 50

1170   44 + 44 = 88   1190   22 + 24 = 46

1171   20 + 50 = 70   1191   33 + 23 = 56

1172   22 + 20 = 42   1192   36 + 20 = 56

1173   42 + 33 = 75   1193   38 + 28 = 66

1194	26 + 39 = 65	1214	21 + 24 = 45
1195	43 + 27 = 70	1215	21 + 20 = 41
1196	39 + 47 = 86	1216	48 + 46 = 94
1197	21 + 37 = 58	1217	35 + 27 = 62
1198	44 + 35 = 79	1218	31 + 27 = 58
1199	43 + 42 = 85	1219	42 + 44 = 86
1200	44 + 31 = 75	1220	36 + 40 = 76
1201	49 + 35 = 84	1221	31 + 34 = 65
1202	36 + 34 = 70	1222	33 + 26 = 59
1203	32 + 45 = 77	1223	47 + 49 = 96
1204	37 + 27 = 64	1224	40 + 47 = 87
1205	28 + 36 = 64	1225	34 + 48 = 82
1206	44 + 43 = 87	1226	20 + 34 = 54
1207	21 + 35 = 56	1227	49 + 50 = 99
1208	24 + 28 = 52	1228	38 + 22 = 60
1209	43 + 48 = 91	1229	25 + 34 = 59
1210	48 + 32 = 80	1230	23 + 49 = 72
1211	24 + 50 = 74	1231	37 + 45 = 82
1212	39 + 42 = 81	1232	29 + 42 = 71
1213	38 + 38 = 76	1233	33 + 29 = 62

1234   43 + 32 = 75
1235   22 + 28 = 50
1236   47 + 27 = 74
1237   44 + 24 = 68
1238   50 + 42 = 92
1239   29 + 47 = 76
1240   34 + 30 = 64
1241   47 + 25 = 72
1242   46 + 33 = 79
1243   47 + 50 = 97
1244   31 + 25 = 56
1245   22 + 46 = 68
1246   37 + 38 = 75
1247   29 + 23 = 52
1248   23 + 22 = 45
1249   32 + 37 = 69
1250   36 + 30 = 66
1251   43 + 37 = 80
1252   48 + 31 = 79
1253   30 + 50 = 80

1254   45 + 47 = 92
1255   25 + 20 = 45
1256   38 + 41 = 79
1257   46 + 32 = 78
1258   31 + 46 = 77
1259   24 + 40 = 64
1260   42 + 43 = 85
1261   33 + 24 = 57
1262   21 + 27 = 48
1263   32 + 20 = 52
1264   47 + 28 = 75
1265   27 + 33 = 60
1266   27 + 28 = 55
1267   24 + 46 = 70
1268   29 + 24 = 53
1269   22 + 22 = 44
1270   44 + 27 = 71
1271   39 + 45 = 84
1272   24 + 24 = 48
1273   37 + 37 = 74

1274	49 + 41 = 90	1294	28 + 26 = 54
1275	33 + 35 = 68	1295	42 + 25 = 67
1276	22 + 45 = 67	1296	45 + 46 = 91
1277	44 + 32 = 76	1297	25 + 21 = 46
1278	45 + 35 = 80	1298	28 + 40 = 68
1279	47 + 46 = 93	1299	20 + 35 = 55
1280	45 + 43 = 88	1300	22 + 26 = 48
1281	32 + 33 = 65	1301	38 + 25 = 63
1282	25 + 38 = 63	1302	47 + 48 = 95
1283	49 + 43 = 92	1303	23 + 23 = 46
1284	29 + 36 = 65	1304	42 + 40 = 82
1285	29 + 31 = 60	1305	20 + 38 = 58
1286	37 + 32 = 69	1306	46 + 29 = 75
1287	41 + 44 = 85	1307	49 + 29 = 78
1288	39 + 27 = 66	1308	41 + 46 = 87
1289	37 + 28 = 65	1309	35 + 46 = 81
1290	33 + 46 = 79	1310	28 + 44 = 72
1291	38 + 50 = 88	1311	24 + 31 = 55
1292	43 + 38 = 81	1312	32 + 48 = 80
1293	26 + 22 = 48	1313	49 + 49 = 98

1314	48 + 23 = 71	1334	22 + 40 = 62
1315	28 + 29 = 57	1335	27 + 37 = 64
1316	30 + 20 = 50	1336	23 + 45 = 68
1317	20 + 45 = 65	1337	34 + 23 = 57
1318	24 + 44 = 68	1338	47 + 41 = 88
1319	28 + 49 = 77	1339	36 + 48 = 84
1320	29 + 37 = 66	1340	41 + 39 = 80
1321	34 + 42 = 76	1341	43 + 29 = 72
1322	45 + 39 = 84	1342	27 + 38 = 65
1323	50 + 46 = 96	1343	39 + 20 = 59
1324	45 + 41 = 86	1344	38 + 40 = 78
1325	26 + 21 = 47	1345	36 + 35 = 71
1326	45 + 28 = 73	1346	34 + 37 = 71
1327	27 + 34 = 61	1347	22 + 41 = 63
1328	41 + 43 = 84	1348	50 + 23 = 73
1329	21 + 30 = 51	1349	28 + 41 = 69
1330	20 + 26 = 46	1350	25 + 26 = 51
1331	35 + 32 = 67	1351	38 + 49 = 87
1332	43 + 35 = 78	1352	50 + 22 = 72
1333	43 + 26 = 69	1353	50 + 49 = 99

1354	48 + 36 = 84	1374	35 + 30 = 65
1355	31 + 43 = 74	1375	20 + 31 = 51
1356	44 + 30 = 74	1376	36 + 22 = 58
1357	33 + 43 = 76	1377	45 + 32 = 77
1358	24 + 48 = 72	1378	23 + 31 = 54
1359	26 + 34 = 60	1379	50 + 36 = 86
1360	42 + 46 = 88		
1361	28 + 34 = 62		
1362	26 + 37 = 63		
1363	32 + 38 = 70		
1364	23 + 33 = 56		
1365	50 + 37 = 87		
1366	21 + 34 = 55		
1367	42 + 49 = 91		
1368	47 + 43 = 90		
1369	22 + 36 = 58		
1370	25 + 31 = 56		
1371	39 + 35 = 74		
1372	29 + 32 = 61		
1373	31 + 47 = 78		

1	6 - 1 = 5	18	8 - 1 = 7
2	10 - 5 = 5	19	10 - 0 = 10
3	6 - 0 = 6	20	7 - 2 = 5
4	8 - 4 = 4	21	7 - 0 = 7
5	5 - 1 = 4	22	7 - 4 = 3
6	7 - 3 = 4	23	9 - 4 = 5
7	7 - 5 = 2	24	6 - 2 = 4
8	7 - 1 = 6	25	9 - 1 = 8
9	8 - 0 = 8	26	6 - 3 = 3
10	9 - 5 = 4	27	6 - 4 = 2
11	10 - 3 = 7	28	5 - 0 = 5
12	5 - 3 = 2	29	8 - 3 = 5
13	5 - 5 = 0	30	5 - 4 = 1
14	9 - 0 = 9	31	9 - 3 = 6
15	9 - 2 = 7	32	10 - 2 = 8
16	6 - 5 = 1	33	5 - 2 = 3
17	10 - 4 = 6	34	8 - 5 = 3
		35	8 - 2 = 6
		36	10 - 1 = 9
		37	11 - 9 = 2

38	13 - 5 = 8	58	14 - 6 = 8
39	17 - 5 = 12	59	12 - 9 = 3
40	19 - 6 = 13	60	15 - 8 = 7
41	13 - 10 = 3	61	20 - 5 = 15
42	15 - 6 = 9	62	12 - 10 = 2
43	16 - 9 = 7	63	17 - 8 = 9
44	17 - 7 = 10	64	13 - 8 = 5
45	19 - 7 = 12	65	14 - 7 = 7
46	13 - 9 = 4	66	12 - 8 = 4
47	16 - 10 = 6	67	19 - 5 = 14
48	20 - 9 = 11	68	18 - 9 = 9
49	20 - 6 = 14	69	15 - 10 = 5
50	14 - 5 = 9	70	18 - 8 = 10
51	18 - 6 = 12	71	18 - 5 = 13
52	10 - 10 = 0	72	19 - 10 = 9
53	19 - 9 = 10	73	14 - 9 = 5
54	17 - 9 = 8	74	20 - 8 = 12
55	17 - 6 = 11	75	11 - 10 = 1
56	20 - 10 = 10	76	10 - 8 = 2
57	19 - 8 = 11	77	11 - 8 = 3

78	16 - 5 = 11	98	15 - 5 = 10
79	10 - 5 = 5	99	14 - 10 = 4
80	12 - 5 = 7	100	15 - 9 = 6
81	10 - 9 = 1	101	11 - 5 = 6
82	12 - 6 = 6	102	16 - 6 = 10
83	16 - 7 = 9	103	29 - 7 = 22
84	10 - 7 = 3	104	39 - 6 = 33
85	18 - 10 = 8	105	22 - 9 = 13
86	10 - 6 = 4	106	38 - 7 = 31
87	11 - 7 = 4	107	38 - 8 = 30
88	16 - 8 = 8	108	23 - 7 = 16
89	17 - 10 = 7	109	25 - 9 = 16
90	13 - 7 = 6	110	36 - 7 = 29
91	20 - 7 = 13	111	24 - 7 = 17
92	13 - 6 = 7	112	30 - 6 = 24
93	14 - 8 = 6	113	29 - 6 = 23
94	12 - 7 = 5	114	24 - 9 = 15
95	11 - 6 = 5	115	21 - 9 = 12
96	18 - 7 = 11	116	28 - 8 = 20
97	15 - 7 = 8	117	28 - 7 = 21

118	30 - 8 = 22	138	20 - 8 = 12
119	28 - 9 = 19	139	40 - 9 = 31
120	24 - 6 = 18	140	31 - 9 = 22
121	40 - 8 = 32	141	39 - 10 = 29
122	29 - 8 = 21	142	33 - 7 = 26
123	31 - 6 = 25	143	32 - 6 = 26
124	34 - 8 = 26	144	38 - 9 = 29
125	40 - 7 = 33	145	37 - 7 = 30
126	39 - 9 = 30	146	21 - 8 = 13
127	22 - 7 = 15	147	35 - 8 = 27
128	37 - 10 = 27	148	32 - 10 = 22
129	21 - 10 = 11	149	29 - 9 = 20
130	25 - 10 = 15	150	25 - 8 = 17
131	26 - 9 = 17	151	26 - 8 = 18
132	36 - 9 = 27	152	25 - 7 = 18
133	38 - 6 = 32	153	20 - 10 = 10
134	23 - 8 = 15	154	20 - 6 = 14
135	35 - 9 = 26	155	33 - 6 = 27
136	22 - 10 = 12	156	27 - 8 = 19
137	27 - 10 = 17	157	40 - 6 = 34

158	24 - 10 = 14	178	31 - 10 = 21
159	36 - 8 = 28	179	32 - 8 = 24
160	21 - 6 = 15	180	28 - 10 = 18
161	31 - 8 = 23	181	23 - 9 = 14
162	38 - 10 = 28	182	39 - 8 = 31
163	30 - 9 = 21	183	36 - 6 = 30
164	33 - 8 = 25	184	35 - 10 = 25
165	22 - 8 = 14	185	26 - 7 = 19
166	34 - 10 = 24	186	31 - 7 = 24
167	37 - 8 = 29	187	20 - 9 = 11
168	21 - 7 = 14	188	34 - 6 = 28
169	33 - 9 = 24	189	23 - 10 = 13
170	22 - 6 = 16	190	25 - 6 = 19
171	29 - 10 = 19	191	27 - 9 = 18
172	30 - 10 = 20	192	32 - 9 = 23
173	27 - 7 = 20	193	20 - 7 = 13
174	34 - 9 = 25	194	37 - 6 = 31
175	36 - 10 = 26	195	35 - 6 = 29
176	32 - 7 = 25	196	28 - 6 = 22
177	30 - 7 = 23	197	37 - 9 = 28

198	24 - 8 = 16	218	54 - 11 = 43
199	33 - 10 = 23	219	45 - 17 = 28
200	35 - 7 = 28	220	40 - 16 = 24
201	26 - 10 = 16	221	59 - 12 = 47
202	26 - 6 = 20	222	43 - 17 = 26
203	23 - 6 = 17	223	53 - 20 = 33
204	40 - 10 = 30	224	58 - 19 = 39
205	34 - 7 = 27	225	49 - 10 = 39
206	39 - 7 = 32	226	53 - 10 = 43
207	27 - 6 = 21	227	59 - 15 = 44
208	46 - 20 = 26	228	58 - 16 = 42
209	58 - 20 = 38	229	51 - 20 = 31
210	60 - 14 = 46	230	42 - 11 = 31
211	58 - 10 = 48	231	51 - 16 = 35
212	44 - 17 = 27	232	47 - 12 = 35
213	51 - 14 = 37	233	48 - 13 = 35
214	47 - 14 = 33	234	57 - 10 = 47
215	40 - 11 = 29	235	50 - 11 = 39
216	42 - 13 = 29	236	50 - 14 = 36
217	54 - 10 = 44	237	56 - 18 = 38

238	42 - 20 = 22	258	51 - 18 = 33
239	48 - 17 = 31	259	46 - 17 = 29
240	40 - 14 = 26	260	40 - 17 = 23
241	41 - 17 = 24	261	50 - 18 = 32
242	42 - 14 = 28	262	49 - 17 = 32
243	50 - 19 = 31	263	46 - 14 = 32
244	52 - 10 = 42	264	47 - 10 = 37
245	41 - 15 = 26	265	59 - 10 = 49
246	48 - 20 = 28	266	58 - 12 = 46
247	53 - 13 = 40	267	40 - 19 = 21
248	52 - 13 = 39	268	54 - 19 = 35
249	51 - 19 = 32	269	59 - 20 = 39
250	45 - 11 = 34	270	55 - 13 = 42
251	42 - 10 = 32	271	46 - 13 = 33
252	44 - 10 = 34	272	55 - 18 = 37
253	47 - 13 = 34	273	57 - 19 = 38
254	40 - 15 = 25	274	56 - 16 = 40
255	42 - 15 = 27	275	55 - 16 = 39
256	52 - 17 = 35	276	44 - 20 = 24
257	53 - 12 = 41	277	50 - 13 = 37

278   60 - 17 = 43   298   43 - 16 = 27

279   52 - 20 = 32   299   55 - 10 = 45

280   46 - 11 = 35   300   59 - 11 = 48

281   57 - 18 = 39   301   54 - 13 = 41

282   46 - 10 = 36   302   50 - 12 = 38

283   40 - 18 = 22   303   44 - 11 = 33

284   45 - 19 = 26   304   56 - 15 = 41

285   48 - 11 = 37   305   45 - 18 = 27

286   44 - 14 = 30   306   53 - 14 = 39

287   57 - 17 = 40   307   43 - 19 = 24

288   59 - 18 = 41   308   43 - 15 = 28

289   45 - 10 = 35   309   59 - 17 = 42

290   46 - 18 = 28   310   41 - 12 = 29

291   51 - 10 = 41   311   44 - 16 = 28

292   56 - 17 = 39   312   53 - 15 = 38

293   41 - 19 = 22   313   47 - 11 = 36

294   51 - 17 = 34   314   42 - 17 = 25

295   60 - 13 = 47   315   49 - 12 = 37

296   46 - 15 = 31   316   53 - 11 = 42

297   49 - 16 = 33   317   43 - 10 = 33

318	53 - 19 = 34	338	45 - 13 = 32
319	57 - 20 = 37	339	48 - 15 = 33
320	56 - 11 = 45	340	49 - 15 = 34
321	50 - 10 = 40	341	58 - 15 = 43
322	49 - 11 = 38	342	54 - 17 = 37
323	47 - 16 = 31	343	42 - 16 = 26
324	50 - 16 = 34	344	56 - 19 = 37
325	45 - 12 = 33	345	48 - 12 = 36
326	48 - 18 = 30	346	44 - 18 = 26
327	51 - 13 = 38	347	43 - 20 = 23
328	45 - 15 = 30	348	40 - 13 = 27
329	54 - 12 = 42	349	53 - 17 = 36
330	41 - 10 = 31	350	56 - 10 = 46
331	60 - 20 = 40	351	56 - 14 = 42
332	55 - 19 = 36	352	49 - 20 = 29
333	52 - 16 = 36	353	51 - 15 = 36
334	55 - 20 = 35	354	57 - 15 = 42
335	56 - 13 = 43	355	47 - 17 = 30
336	43 - 12 = 31	356	52 - 15 = 37
337	55 - 17 = 38	357	49 - 19 = 30

358	49 - 14 = 35	378	44 - 13 = 31
359	44 - 15 = 29	379	40 - 10 = 30
360	60 - 15 = 45	380	54 - 18 = 36
361	47 - 19 = 28	381	45 - 20 = 25
362	55 - 11 = 44	382	55 - 14 = 41
363	52 - 19 = 33	383	41 - 11 = 30
364	58 - 11 = 47	384	60 - 18 = 42
365	48 - 19 = 29	385	60 - 16 = 44
366	46 - 16 = 30	386	53 - 16 = 37
367	48 - 14 = 34	387	59 - 19 = 40
368	42 - 12 = 30	388	45 - 16 = 29
369	59 - 16 = 43	389	41 - 13 = 28
370	51 - 12 = 39	390	52 - 18 = 34
371	42 - 19 = 23	391	45 - 14 = 31
372	41 - 20 = 21	392	40 - 20 = 20
373	48 - 10 = 38	393	56 - 20 = 36
374	57 - 16 = 41	394	60 - 10 = 50
375	41 - 18 = 23	395	46 - 19 = 27
376	54 - 20 = 34	396	40 - 12 = 28
377	41 - 14 = 27	397	43 - 18 = 25

398	42 - 18 = 24	418	59 - 13 = 46
399	47 - 15 = 32	419	52 - 12 = 40
400	55 - 12 = 43	420	50 - 15 = 35
401	57 - 12 = 45	421	51 - 11 = 40
402	49 - 13 = 36	422	58 - 17 = 41
403	48 - 16 = 32	423	57 - 11 = 46
404	43 - 13 = 30	424	60 - 12 = 48
405	52 - 11 = 41	425	58 - 13 = 45
406	58 - 14 = 44	426	55 - 15 = 40
407	47 - 18 = 29	427	46 - 12 = 34
408	44 - 19 = 25	428	57 - 14 = 43
409	54 - 16 = 38	429	58 - 18 = 40
410	57 - 13 = 44	430	47 - 20 = 27
411	43 - 11 = 32	431	53 - 18 = 35
412	49 - 18 = 31	432	43 - 14 = 29
413	56 - 12 = 44	433	44 - 12 = 32
414	50 - 17 = 33	434	60 - 11 = 49
415	54 - 15 = 39	435	59 - 14 = 45
416	54 - 14 = 40	436	50 - 20 = 30
417	52 - 14 = 38	437	60 - 19 = 41

438	41 - 16 = 25	458	50 - 21 = 29
439	85 - 25 = 60	459	69 - 31 = 38
440	99 - 31 = 68	460	100 - 22 = 78
441	70 - 22 = 48	461	66 - 24 = 42
442	90 - 25 = 65	462	67 - 36 = 31
443	58 - 32 = 26	463	54 - 31 = 23
444	89 - 33 = 56	464	90 - 30 = 60
445	70 - 24 = 46	465	82 - 23 = 59
446	95 - 37 = 58	466	86 - 27 = 59
447	92 - 33 = 59	467	94 - 23 = 71
448	52 - 25 = 27	468	95 - 31 = 64
449	91 - 34 = 57	469	52 - 29 = 23
450	53 - 31 = 22	470	67 - 35 = 32
451	76 - 34 = 42	471	84 - 23 = 61
452	98 - 25 = 73	472	52 - 34 = 18
453	51 - 35 = 16	473	50 - 33 = 17
454	100 - 38 = 62	474	64 - 22 = 42
455	57 - 35 = 22	475	64 - 20 = 44
456	97 - 24 = 73	476	78 - 39 = 39
457	99 - 33 = 66	477	97 - 21 = 76

478	52 - 35 = 17	498	79 - 34 = 45
479	99 - 39 = 60	499	59 - 33 = 26
480	51 - 22 = 29	500	75 - 31 = 44
481	54 - 26 = 28	501	99 - 35 = 64
482	87 - 36 = 51	502	58 - 29 = 29
483	63 - 34 = 29	503	69 - 37 = 32
484	66 - 20 = 46	504	71 - 30 = 41
485	85 - 37 = 48	505	52 - 32 = 20
486	84 - 39 = 45	506	84 - 25 = 59
487	55 - 34 = 21	507	93 - 27 = 66
488	78 - 24 = 54	508	78 - 35 = 43
489	75 - 32 = 43	509	94 - 27 = 67
490	87 - 34 = 53	510	62 - 33 = 29
491	78 - 38 = 40	511	67 - 24 = 43
492	92 - 21 = 71	512	100 - 26 = 74
493	59 - 28 = 31	513	95 - 21 = 74
494	81 - 38 = 43	514	82 - 20 = 62
495	53 - 26 = 27	515	89 - 28 = 61
496	77 - 23 = 54	516	59 - 35 = 24
497	65 - 28 = 37	517	67 - 30 = 37

518	66 - 27 = 39	538	63 - 32 = 31
519	89 - 22 = 67	539	70 - 28 = 42
520	68 - 20 = 48	540	77 - 24 = 53
521	93 - 38 = 55	541	58 - 26 = 32
522	56 - 38 = 18	542	74 - 34 = 40
523	55 - 32 = 23	543	53 - 23 = 30
524	66 - 38 = 28	544	80 - 24 = 56
525	84 - 30 = 54	545	91 - 22 = 69
526	89 - 34 = 55	546	50 - 34 = 16
527	55 - 31 = 24	547	62 - 37 = 25
528	99 - 20 = 79	548	81 - 30 = 51
529	79 - 39 = 40	549	53 - 35 = 18
530	59 - 34 = 25	550	65 - 26 = 39
531	97 - 32 = 65	551	67 - 37 = 30
532	53 - 28 = 25	552	90 - 21 = 69
533	50 - 24 = 26	553	97 - 30 = 67
534	94 - 39 = 55	554	51 - 38 = 13
535	68 - 35 = 33	555	84 - 20 = 64
536	64 - 27 = 37	556	96 - 39 = 57
537	76 - 26 = 50	557	69 - 36 = 33

558	92 - 34 = 58	578	86 - 26 = 60
559	78 - 26 = 52	579	58 - 37 = 21
560	60 - 24 = 36	580	81 - 32 = 49
561	80 - 36 = 44	581	88 - 36 = 52
562	63 - 38 = 25	582	73 - 26 = 47
563	57 - 33 = 24	583	70 - 27 = 43
564	95 - 32 = 63	584	95 - 27 = 68
565	74 - 38 = 36	585	82 - 39 = 43
566	91 - 37 = 54	586	65 - 27 = 38
567	93 - 30 = 63	587	73 - 39 = 34
568	56 - 28 = 28	588	98 - 39 = 59
569	82 - 25 = 57	589	93 - 36 = 57
570	69 - 30 = 39	590	70 - 37 = 33
571	67 - 31 = 36	591	56 - 31 = 25
572	61 - 38 = 23	592	93 - 31 = 62
573	100 - 39 = 61	593	61 - 24 = 37
574	91 - 35 = 56	594	56 - 30 = 26
575	66 - 30 = 36	595	89 - 20 = 69
576	57 - 39 = 18	596	82 - 31 = 51
577	92 - 26 = 66	597	56 - 20 = 36

598	56 - 27 = 29	618	63 - 24 = 39
599	95 - 20 = 75	619	90 - 37 = 53
600	70 - 31 = 39	620	72 - 36 = 36
601	90 - 24 = 66	621	61 - 21 = 40
602	50 - 23 = 27	622	52 - 36 = 16
603	63 - 30 = 33	623	63 - 29 = 34
604	66 - 21 = 45	624	53 - 24 = 29
605	70 - 21 = 49	625	77 - 35 = 42
606	68 - 33 = 35	626	71 - 35 = 36
607	67 - 38 = 29	627	67 - 21 = 46
608	54 - 34 = 20	628	96 - 35 = 61
609	54 - 20 = 34	629	91 - 24 = 67
610	54 - 25 = 29	630	66 - 35 = 31
611	92 - 39 = 53	631	53 - 37 = 16
612	60 - 38 = 22	632	98 - 22 = 76
613	92 - 38 = 54	633	75 - 38 = 37
614	86 - 22 = 64	634	75 - 36 = 39
615	72 - 25 = 47	635	98 - 31 = 67
616	81 - 37 = 44	636	65 - 33 = 32
617	94 - 31 = 63	637	89 - 27 = 62

638	84 - 31 = 53	658	94 - 34 = 60
639	54 - 29 = 25	659	71 - 29 = 42
640	50 - 39 = 11	660	86 - 21 = 65
641	55 - 38 = 17	661	80 - 23 = 57
642	51 - 25 = 26	662	63 - 27 = 36
643	62 - 20 = 42	663	50 - 22 = 28
644	56 - 36 = 20	664	93 - 24 = 69
645	83 - 31 = 52	665	88 - 24 = 64
646	53 - 34 = 19	666	50 - 37 = 13
647	56 - 37 = 19	667	75 - 29 = 46
648	69 - 29 = 40	668	96 - 38 = 58
649	70 - 33 = 37	669	73 - 20 = 53
650	74 - 22 = 52	670	59 - 39 = 20
651	99 - 30 = 69	671	72 - 34 = 38
652	79 - 30 = 49	672	50 - 36 = 14
653	61 - 32 = 29	673	85 - 20 = 65
654	84 - 34 = 50	674	57 - 37 = 20
655	56 - 22 = 34	675	96 - 31 = 65
656	100 - 29 = 71	676	88 - 38 = 50
657	80 - 20 = 60	677	51 - 33 = 18

678	69 - 39 = 30	698	75 - 37 = 38
679	82 - 26 = 56	699	54 - 24 = 30
680	57 - 34 = 23	700	87 - 33 = 54
681	68 - 25 = 43	701	100 - 23 = 77
682	60 - 36 = 24	702	88 - 20 = 68
683	63 - 39 = 24	703	65 - 29 = 36
684	64 - 32 = 32	704	78 - 32 = 46
685	65 - 31 = 34	705	86 - 32 = 54
686	79 - 27 = 52	706	97 - 37 = 60
687	79 - 21 = 58	707	60 - 30 = 30
688	52 - 27 = 25	708	74 - 37 = 37
689	53 - 21 = 32	709	85 - 22 = 63
690	96 - 34 = 62	710	87 - 21 = 66
691	54 - 28 = 26	711	64 - 34 = 30
692	69 - 26 = 43	712	71 - 23 = 48
693	87 - 35 = 52	713	64 - 38 = 26
694	93 - 34 = 59	714	74 - 29 = 45
695	56 - 32 = 24	715	67 - 27 = 40
696	83 - 23 = 60	716	68 - 27 = 41
697	76 - 38 = 38	717	85 - 32 = 53

718	93 - 21 = 72	738	67 - 25 = 42
719	100 - 34 = 66	739	85 - 39 = 46
720	83 - 28 = 55	740	65 - 21 = 44
721	64 - 25 = 39	741	86 - 31 = 55
722	59 - 38 = 21	742	57 - 24 = 33
723	95 - 24 = 71	743	97 - 35 = 62
724	58 - 22 = 36	744	93 - 22 = 71
725	79 - 23 = 56	745	97 - 23 = 74
726	77 - 22 = 55	746	82 - 35 = 47
727	59 - 25 = 34	747	76 - 30 = 46
728	67 - 23 = 44	748	61 - 39 = 22
729	90 - 26 = 64	749	60 - 29 = 31
730	66 - 33 = 33	750	60 - 23 = 37
731	55 - 33 = 22	751	58 - 36 = 22
732	70 - 20 = 50	752	50 - 32 = 18
733	92 - 20 = 72	753	91 - 38 = 53
734	62 - 21 = 41	754	59 - 29 = 30
735	88 - 29 = 59	755	55 - 30 = 25
736	77 - 25 = 52	756	79 - 32 = 47
737	79 - 33 = 46	757	92 - 29 = 63

758	99 - 37 = 62	778	82 - 21 = 61
759	74 - 26 = 48	779	96 - 22 = 74
760	96 - 27 = 69	780	91 - 21 = 70
761	74 - 31 = 43	781	90 - 32 = 58
762	72 - 28 = 44	782	60 - 25 = 35
763	73 - 24 = 49	783	98 - 24 = 74
764	61 - 31 = 30	784	82 - 22 = 60
765	97 - 38 = 59	785	54 - 32 = 22
766	72 - 22 = 50	786	57 - 28 = 29
767	95 - 22 = 73	787	52 - 22 = 30
768	64 - 35 = 29	788	80 - 21 = 59
769	95 - 35 = 60	789	58 - 30 = 28
770	72 - 32 = 40	790	67 - 20 = 47
771	61 - 33 = 28	791	76 - 20 = 56
772	81 - 28 = 53	792	88 - 30 = 58
773	92 - 35 = 57	793	59 - 23 = 36
774	97 - 36 = 61	794	62 - 28 = 34
775	60 - 35 = 25	795	82 - 24 = 58
776	57 - 38 = 19	796	66 - 29 = 37
777	88 - 28 = 60	797	59 - 36 = 23

798	91 - 28 = 63	818	76 - 28 = 48
799	55 - 26 = 29	819	71 - 38 = 33
800	52 - 30 = 22	820	67 - 32 = 35
801	63 - 37 = 26	821	94 - 26 = 68
802	74 - 21 = 53	822	89 - 39 = 50
803	97 - 29 = 68	823	91 - 20 = 71
804	55 - 23 = 32	824	95 - 26 = 69
805	85 - 36 = 49	825	51 - 37 = 14
806	94 - 24 = 70	826	60 - 22 = 38
807	76 - 32 = 44	827	60 - 33 = 27
808	83 - 30 = 53	828	95 - 28 = 67
809	51 - 20 = 31	829	72 - 37 = 35
810	75 - 33 = 42	830	86 - 20 = 66
811	60 - 21 = 39	831	71 - 33 = 38
812	63 - 31 = 32	832	87 - 37 = 50
813	59 - 31 = 28	833	53 - 32 = 21
814	50 - 35 = 15	834	76 - 22 = 54
815	62 - 39 = 23	835	83 - 34 = 49
816	93 - 28 = 65	836	55 - 21 = 34
817	70 - 25 = 45	837	81 - 35 = 46

838	79 - 25 = 54	858	91 - 23 = 68
839	77 - 31 = 46	859	71 - 27 = 44
840	84 - 28 = 56	860	76 - 36 = 40
841	70 - 29 = 41	861	68 - 34 = 34
842	65 - 22 = 43	862	77 - 39 = 38
843	65 - 36 = 29	863	92 - 30 = 62
844	83 - 35 = 48	864	100 - 28 = 72
845	73 - 31 = 42	865	94 - 37 = 57
846	88 - 39 = 49	866	99 - 24 = 75
847	93 - 32 = 61	867	60 - 37 = 23
848	74 - 24 = 50	868	51 - 23 = 28
849	60 - 26 = 34	869	54 - 38 = 16
850	77 - 36 = 41	870	58 - 38 = 20
851	100 - 33 = 67	871	53 - 25 = 28
852	68 - 23 = 45	872	65 - 32 = 33
853	55 - 27 = 28	873	60 - 27 = 33
854	71 - 28 = 43	874	91 - 36 = 55
855	68 - 36 = 32	875	52 - 38 = 14
856	86 - 33 = 53	876	96 - 26 = 70
857	57 - 22 = 35	877	99 - 21 = 78

878	74 - 32 = 42	898	88 - 33 = 55
879	58 - 23 = 35	899	65 - 38 = 27
880	86 - 28 = 58	900	81 - 23 = 58
881	75 - 24 = 51	901	80 - 30 = 50
882	58 - 28 = 30	902	91 - 27 = 64
883	90 - 28 = 62	903	82 - 28 = 54
884	90 - 23 = 67	904	96 - 23 = 73
885	94 - 30 = 64	905	65 - 39 = 26
886	74 - 36 = 38	906	63 - 35 = 28
887	95 - 36 = 59	907	52 - 26 = 26
888	51 - 32 = 19	908	76 - 27 = 49
889	56 - 33 = 23	909	60 - 31 = 29
890	57 - 20 = 37	910	69 - 25 = 44
891	69 - 38 = 31	911	68 - 24 = 44
892	61 - 36 = 25	912	73 - 35 = 38
893	64 - 37 = 27	913	93 - 20 = 73
894	88 - 23 = 65	914	78 - 21 = 57
895	74 - 30 = 44	915	96 - 24 = 72
896	74 - 25 = 49	916	81 - 31 = 50
897	87 - 28 = 59	917	96 - 32 = 64

918   83 - 25 = 58

919   96 - 21 = 75

920   85 - 35 = 50

921   78 - 37 = 41

922   100 - 35 = 65

923   56 - 39 = 17

924   58 - 24 = 34

925   62 - 27 = 35

926   78 - 25 = 53

927   83 - 33 = 50

928   92 - 32 = 60

929   84 - 32 = 52

930   73 - 33 = 40

931   98 - 35 = 63

932   76 - 24 = 52

933   66 - 36 = 30

934   79 - 31 = 48

935   63 - 22 = 41

936   85 - 23 = 62

937   74 - 33 = 41

938   77 - 29 = 48

939   89 - 30 = 59

940   96 - 29 = 67

941   90 - 35 = 55

942   98 - 28 = 70

943   81 - 39 = 42

944   68 - 31 = 37

945   100 - 32 = 68

946   71 - 32 = 39

947   55 - 22 = 33

948   82 - 37 = 45

949   81 - 29 = 52

950   81 - 33 = 48

951   90 - 36 = 54

952   91 - 30 = 61

953   94 - 28 = 66

954   95 - 33 = 62

955   78 - 33 = 45

956   54 - 33 = 21

957   80 - 31 = 49

958	60 - 20 = 40	978	87 - 31 = 56
959	64 - 26 = 38	979	95 - 23 = 72
960	78 - 27 = 51	980	73 - 25 = 48
961	90 - 22 = 68	981	54 - 21 = 33
962	62 - 23 = 39	982	90 - 38 = 52
963	92 - 31 = 61	983	69 - 22 = 47
964	62 - 26 = 36	984	78 - 36 = 42
965	64 - 31 = 33	985	84 - 37 = 47
966	95 - 25 = 70	986	54 - 27 = 27
967	74 - 35 = 39	987	86 - 25 = 61
968	89 - 29 = 60	988	84 - 38 = 46
969	96 - 28 = 68	989	68 - 38 = 30
970	79 - 38 = 41	990	80 - 25 = 55
971	50 - 28 = 22	991	80 - 35 = 45
972	80 - 37 = 43	992	70 - 36 = 34
973	96 - 30 = 66	993	86 - 36 = 50
974	86 - 39 = 47	994	63 - 28 = 35
975	54 - 22 = 32	995	66 - 37 = 29
976	88 - 27 = 61	996	57 - 21 = 36
977	100 - 20 = 80	997	99 - 25 = 74

998	60 - 28 = 32	1018	55 - 29 = 26
999	61 - 35 = 26	1019	76 - 31 = 45
1000	79 - 22 = 57	1020	82 - 32 = 50
1001	76 - 29 = 47	1021	63 - 26 = 37
1002	94 - 20 = 74	1022	77 - 26 = 51
1003	92 - 24 = 68	1023	51 - 30 = 21
1004	79 - 28 = 51	1024	98 - 33 = 65
1005	99 - 34 = 65	1025	81 - 26 = 55
1006	76 - 23 = 53	1026	70 - 30 = 40
1007	66 - 39 = 27	1027	99 - 29 = 70
1008	64 - 28 = 36	1028	52 - 37 = 15
1009	55 - 37 = 18	1029	72 - 39 = 33
1010	76 - 21 = 55	1030	73 - 30 = 43
1011	70 - 34 = 36	1031	80 - 28 = 52
1012	82 - 38 = 44	1032	62 - 29 = 33
1013	78 - 34 = 44	1033	57 - 23 = 34
1014	65 - 30 = 35	1034	73 - 36 = 37
1015	77 - 21 = 56	1035	86 - 38 = 48
1016	77 - 27 = 50	1036	78 - 31 = 47
1017	56 - 35 = 21	1037	82 - 27 = 55

1038	71 - 22 = 49	1058	65 - 37 = 28
1039	100 - 37 = 63	1059	53 - 22 = 31
1040	50 - 31 = 19	1060	73 - 22 = 51
1041	78 - 29 = 49	1061	56 - 21 = 35
1042	55 - 25 = 30	1062	75 - 23 = 52
1043	73 - 37 = 36	1063	62 - 30 = 32
1044	98 - 23 = 75	1064	69 - 35 = 34
1045	87 - 29 = 58	1065	93 - 26 = 67
1046	95 - 34 = 61	1066	83 - 26 = 57
1047	78 - 23 = 55	1067	67 - 29 = 38
1048	95 - 38 = 57	1068	92 - 22 = 70
1049	59 - 37 = 22	1069	84 - 35 = 49
1050	99 - 32 = 67	1070	98 - 36 = 62
1051	59 - 27 = 32	1071	89 - 26 = 63
1052	80 - 39 = 41	1072	77 - 38 = 39
1053	51 - 29 = 22	1073	88 - 22 = 66
1054	70 - 32 = 38	1074	80 - 26 = 54
1055	97 - 28 = 69	1075	82 - 33 = 49
1056	83 - 37 = 46	1076	66 - 28 = 38
1057	61 - 20 = 41	1077	63 - 20 = 43

1078	51 - 31 = 20	1098	52 - 33 = 19
1079	66 - 26 = 40	1099	52 - 28 = 24
1080	81 - 36 = 45	1100	85 - 31 = 54
1081	100 - 25 = 75	1101	71 - 34 = 37
1082	74 - 27 = 47	1102	52 - 21 = 31
1083	51 - 21 = 30	1103	84 - 24 = 60
1084	65 - 20 = 45	1104	81 - 25 = 56
1085	90 - 39 = 51	1105	81 - 27 = 54
1086	79 - 26 = 53	1106	75 - 35 = 40
1087	79 - 29 = 50	1107	54 - 23 = 31
1088	71 - 20 = 51	1108	93 - 29 = 64
1089	98 - 38 = 60	1109	72 - 20 = 52
1090	98 - 27 = 71	1110	89 - 36 = 53
1091	91 - 25 = 66	1111	85 - 29 = 56
1092	61 - 29 = 32	1112	96 - 36 = 60
1093	99 - 36 = 63	1113	92 - 23 = 69
1094	82 - 36 = 46	1114	84 - 29 = 55
1095	70 - 39 = 31	1115	52 - 20 = 32
1096	75 - 34 = 41	1116	51 - 36 = 15
1097	94 - 22 = 72	1117	77 - 34 = 43

1118	99 - 22 = 77	1138	54 - 39 = 15
1119	67 - 33 = 34	1139	88 - 35 = 53
1120	62 - 35 = 27	1140	69 - 28 = 41
1121	67 - 34 = 33	1141	93 - 33 = 60
1122	74 - 39 = 35	1142	100 - 30 = 70
1123	90 - 33 = 57	1143	88 - 25 = 63
1124	90 - 29 = 61	1144	73 - 28 = 45
1125	55 - 28 = 27	1145	50 - 38 = 12
1126	76 - 33 = 43	1146	67 - 39 = 28
1127	68 - 29 = 39	1147	79 - 35 = 44
1128	53 - 29 = 24	1148	100 - 21 = 79
1129	85 - 33 = 52	1149	83 - 32 = 51
1130	75 - 28 = 47	1150	82 - 34 = 48
1131	86 - 30 = 56	1151	78 - 20 = 58
1132	54 - 36 = 18	1152	91 - 29 = 62
1133	77 - 32 = 45	1153	53 - 38 = 15
1134	62 - 36 = 26	1154	51 - 39 = 12
1135	58 - 25 = 33	1155	85 - 28 = 57
1136	66 - 25 = 41	1156	63 - 25 = 38
1137	77 - 20 = 57	1157	77 - 30 = 47

1158	76 - 37 = 39	1178	51 - 26 = 25
1159	90 - 20 = 70	1179	50 - 20 = 30
1160	93 - 39 = 54	1180	61 - 22 = 39
1161	62 - 24 = 38	1181	83 - 38 = 45
1162	71 - 26 = 45	1182	83 - 36 = 47
1163	73 - 34 = 39	1183	54 - 37 = 17
1164	80 - 32 = 48	1184	59 - 21 = 38
1165	56 - 23 = 33	1185	98 - 20 = 78
1166	72 - 31 = 41	1186	81 - 34 = 47
1167	89 - 35 = 54	1187	88 - 31 = 57
1168	57 - 32 = 25	1188	86 - 29 = 57
1169	81 - 24 = 57	1189	99 - 38 = 61
1170	79 - 36 = 43	1190	72 - 38 = 34
1171	69 - 24 = 45	1191	68 - 32 = 36
1172	89 - 37 = 52	1192	70 - 35 = 35
1173	82 - 29 = 53	1193	57 - 27 = 30
1174	58 - 20 = 38	1194	86 - 23 = 63
1175	66 - 31 = 35	1195	97 - 22 = 75
1176	89 - 23 = 66	1196	85 - 34 = 51
1177	62 - 22 = 40	1197	66 - 22 = 44

1198	92 - 37 = 55
1199	56 - 34 = 22
1200	54 - 35 = 19
1201	93 - 25 = 68
1202	59 - 26 = 33
1203	71 - 21 = 50
1204	55 - 24 = 31
1205	80 - 22 = 58
1206	71 - 37 = 34
1207	51 - 24 = 27
1208	79 - 24 = 55
1209	100 - 31 = 69
1210	89 - 24 = 65
1211	51 - 34 = 17
1212	58 - 34 = 24
1213	97 - 26 = 71
1214	62 - 38 = 24
1215	50 - 30 = 20
1216	72 - 27 = 45
1217	60 - 39 = 21

1218	53 - 36 = 17
1219	80 - 34 = 46
1220	56 - 25 = 31
1221	59 - 24 = 35
1222	88 - 21 = 67
1223	58 - 27 = 31
1224	78 - 30 = 48
1225	74 - 28 = 46
1226	83 - 20 = 63
1227	78 - 28 = 50
1228	70 - 38 = 32
1229	55 - 36 = 19
1230	64 - 36 = 28
1231	97 - 31 = 66
1232	83 - 39 = 44
1233	75 - 22 = 53
1234	53 - 33 = 20
1235	64 - 21 = 43
1236	87 - 39 = 48
1237	94 - 21 = 73

1238	83 - 27 = 56	1258	76 - 39 = 37
1239	68 - 26 = 42	1259	87 - 26 = 61
1240	62 - 32 = 30	1260	88 - 34 = 54
1241	99 - 28 = 71	1261	70 - 26 = 44
1242	91 - 31 = 60	1262	50 - 29 = 21
1243	94 - 38 = 56	1263	65 - 23 = 42
1244	92 - 27 = 65	1264	75 - 27 = 48
1245	60 - 34 = 26	1265	89 - 31 = 58
1246	80 - 29 = 51	1266	58 - 35 = 23
1247	98 - 26 = 72	1267	87 - 27 = 60
1248	57 - 26 = 31	1268	94 - 36 = 58
1249	53 - 30 = 23	1269	90 - 27 = 63
1250	77 - 33 = 44	1270	87 - 22 = 65
1251	67 - 22 = 45	1271	67 - 28 = 39
1252	100 - 36 = 64	1272	61 - 26 = 35
1253	93 - 37 = 56	1273	73 - 29 = 44
1254	64 - 30 = 34	1274	50 - 26 = 24
1255	88 - 26 = 62	1275	64 - 29 = 35
1256	81 - 22 = 59	1276	71 - 39 = 32
1257	79 - 37 = 42	1277	73 - 27 = 46

1278	97 - 27 = 70		1298	68 - 30 = 38
1279	64 - 24 = 40		1299	84 - 22 = 62
1280	75 - 39 = 36		1300	68 - 28 = 40
1281	74 - 20 = 54		1301	82 - 30 = 52
1282	61 - 28 = 33		1302	86 - 34 = 52
1283	77 - 28 = 49		1303	86 - 37 = 49
1284	58 - 31 = 27		1304	50 - 25 = 25
1285	72 - 30 = 42		1305	52 - 39 = 13
1286	98 - 37 = 61		1306	57 - 31 = 26
1287	70 - 23 = 47		1307	92 - 25 = 67
1288	55 - 39 = 16		1308	69 - 27 = 42
1289	98 - 21 = 77		1309	86 - 35 = 51
1290	95 - 39 = 56		1310	67 - 26 = 41
1291	75 - 25 = 50		1311	85 - 24 = 61
1292	63 - 36 = 27		1312	80 - 38 = 42
1293	69 - 34 = 35		1313	63 - 21 = 42
1294	55 - 20 = 35		1314	73 - 32 = 41
1295	73 - 38 = 35		1315	89 - 25 = 64
1296	93 - 23 = 70		1316	84 - 26 = 58
1297	59 - 30 = 29		1317	96 - 25 = 71

1318   68 - 21 = 47

1319   77 - 37 = 40

1320   96 - 20 = 76

X

1	0 x 0 = 0
2	0 x 1 = 0
3	1 x 0 = 0
4	2 x 0 = 0
5	1 x 2 = 2
6	1 x 1 = 1
7	1 x 3 = 3
8	2 x 1 = 2
9	3 x 3 = 9
10	3 x 2 = 6
11	0 x 3 = 0
12	3 x 1 = 3
13	0 x 2 = 0
14	2 x 2 = 4
15	2 x 3 = 6
16	3 x 0 = 0
17	5 x 2 = 10
18	4 x 3 = 12
19	2 x 4 = 8
20	3 x 3 = 9
21	3 x 2 = 6
22	4 x 2 = 8
23	2 x 3 = 6
24	5 x 4 = 20
25	3 x 4 = 12
26	4 x 4 = 16
27	2 x 2 = 4
28	5 x 3 = 15
29	4 x 4 = 16
30	5 x 3 = 15
31	2 x 4 = 8
32	5 x 4 = 20
33	3 x 3 = 9
34	4 x 2 = 8
35	3 x 5 = 15
36	5 x 5 = 25
37	4 x 3 = 12

38	4 x 5 = 20		58	4 x 4 = 16
39	5 x 2 = 10		59	6 x 4 = 24
40	2 x 5 = 10		60	8 x 5 = 40
41	3 x 2 = 6		61	6 x 5 = 30
42	3 x 4 = 12		62	8 x 2 = 16
43	2 x 3 = 6		63	7 x 7 = 49
44	2 x 2 = 4		64	6 x 6 = 36
45	5 x 6 = 30		65	8 x 3 = 24
46	4 x 2 = 8		66	6 x 3 = 18
47	5 x 2 = 10		67	8 x 6 = 48
48	6 x 5 = 30		68	7 x 2 = 14
49	5 x 4 = 20		69	7 x 5 = 35
50	4 x 3 = 12		70	6 x 7 = 42
51	4 x 6 = 24		71	8 x 8 = 64
52	6 x 3 = 18		72	6 x 4 = 24
53	4 x 5 = 20		73	6 x 8 = 48
54	5 x 5 = 25		74	6 x 2 = 12
55	6 x 2 = 12		75	7 x 4 = 28
56	6 x 6 = 36		76	7 x 6 = 42
57	5 x 3 = 15		77	8 x 7 = 56

78	7 x 3 = 21	98	7 x 3 = 21
79	7 x 8 = 56	99	8 x 2 = 16
80	8 x 4 = 32	100	8 x 10 = 80
81	10 x 3 = 30	101	10 x 6 = 60
82	9 x 8 = 72	102	8 x 5 = 40
83	7 x 2 = 14	103	8 x 9 = 72
84	10 x 2 = 20	104	7 x 5 = 35
85	7 x 7 = 49	105	9 x 9 = 81
86	9 x 10 = 90	106	8 x 8 = 64
87	9 x 5 = 45	107	7 x 4 = 28
88	9 x 4 = 36	108	8 x 7 = 56
89	10 x 5 = 50	109	7 x 9 = 63
90	10 x 7 = 70	110	10 x 4 = 40
91	7 x 6 = 42	111	9 x 7 = 63
92	8 x 6 = 48	112	7 x 10 = 70
93	8 x 3 = 24	113	10 x 8 = 80
94	9 x 2 = 18	114	7 x 8 = 56
95	10 x 9 = 90	115	9 x 6 = 54
96	8 x 4 = 32	116	10 x 10 = 100
97	9 x 3 = 27	117	11 x 4 = 44

118	12 x 2 = 24		138	12 x 4 = 48
119	10 x 9 = 90		139	10 x 10 = 100
120	11 x 2 = 22		140	8 x 9 = 72
121	11 x 3 = 33		141	11 x 7 = 77
122	12 x 7 = 84		142	8 x 2 = 16
123	11 x 6 = 66		143	9 x 10 = 90
124	8 x 10 = 80		144	11 x 9 = 99
125	10 x 6 = 60		145	8 x 8 = 64
126	12 x 6 = 72		146	10 x 2 = 20
127	9 x 4 = 36		147	9 x 2 = 18
128	8 x 4 = 32		148	9 x 5 = 45
129	10 x 8 = 80		149	8 x 6 = 48
130	8 x 7 = 56		150	12 x 3 = 36
131	11 x 5 = 55		151	11 x 8 = 88
132	8 x 3 = 24		152	9 x 6 = 54
133	9 x 7 = 63		153	12 x 8 = 96
134	9 x 9 = 81		154	12 x 5 = 60
135	10 x 4 = 40		155	8 x 5 = 40
136	10 x 7 = 70		156	11 x 10 = 110
137	10 x 3 = 30		157	10 x 5 = 50

158	9 x 8 = 72	178	7 x 10 = 70
159	12 x 9 = 108	179	8 x 11 = 88
160	12 x 10 = 120	180	6 x 10 = 60
161	9 x 3 = 27	181	10 x 6 = 60
162	7 x 6 = 42	182	11 x 12 = 132
163	6 x 8 = 48	183	7 x 8 = 56
164	9 x 7 = 63	184	10 x 9 = 90
165	9 x 10 = 90	185	7 x 11 = 77
166	12 x 6 = 72	186	12 x 7 = 84
167	8 x 8 = 64	187	9 x 12 = 108
168	6 x 11 = 66	188	11 x 11 = 121
169	9 x 6 = 54	189	6 x 12 = 72
170	6 x 7 = 42	190	12 x 8 = 96
171	10 x 10 = 100	191	8 x 7 = 56
172	9 x 8 = 72	192	9 x 11 = 99
173	8 x 10 = 80	193	11 x 6 = 66
174	12 x 10 = 120	194	12 x 9 = 108
175	7 x 12 = 84	195	7 x 7 = 49
176	11 x 8 = 88	196	6 x 6 = 36
177	8 x 12 = 96	197	10 x 7 = 70

198   11 x 10 = 110

199   11 x 9 = 99

200   12 x 11 = 132

201   12 x 12 = 144

202   10 x 11 = 110

203   7 x 9 = 63

204   8 x 9 = 72

205   11 x 7 = 77

206   10 x 12 = 120

207   9 x 9 = 81

208   6 x 9 = 54

209   10 x 8 = 80

210   8 x 6 = 48

$$\div$$

1	$9 \div 1 = 9$		18	$18 \div 3 = 6$
2	$8 \div 1 = 8$		19	$20 \div 4 = 5$
3	$8 \div 4 = 2$		20	$20 \div 2 = 10$
4	$10 \div 1 = 10$		21	$15 \div 5 = 3$
5	$10 \div 2 = 5$		22	$9 \div 3 = 3$
6	$10 \div 5 = 2$		23	$15 \div 3 = 5$
7	$9 \div 3 = 3$		24	$12 \div 3 = 4$
8	$8 \div 2 = 4$		25	$18 \div 6 = 3$
9	$12 \div 2 = 6$		26	$10 \div 2 = 5$
10	$4 \div 4 = 1$		27	$18 \div 2 = 9$
11	$20 \div 5 = 4$		28	$8 \div 4 = 2$
12	$4 \div 2 = 2$		29	$10 \div 5 = 2$
13	$8 \div 2 = 4$		30	$12 \div 6 = 2$
14	$16 \div 4 = 4$		31	$12 \div 4 = 3$
15	$6 \div 2 = 3$		32	$6 \div 6 = 1$
16	$16 \div 2 = 8$		33	$6 \div 3 = 2$
17	$5 \div 5 = 1$		34	$14 \div 2 = 7$
			35	$16 \div 2 = 8$
			36	$14 \div 7 = 2$
			37	$24 \div 4 = 6$

38	$16 \div 4 = 4$	58	$18 \div 2 = 9$
39	$12 \div 4 = 3$	59	$22 \div 2 = 11$
40	$12 \div 6 = 2$	60	$25 \div 5 = 5$
41	$21 \div 7 = 3$	61	$10 \div 2 = 5$
42	$20 \div 2 = 10$	62	$20 \div 4 = 5$
43	$24 \div 8 = 3$	63	$21 \div 7 = 3$
44	$12 \div 2 = 6$	64	$28 \div 4 = 7$
45	$12 \div 3 = 4$	65	$8 \div 8 = 1$
46	$18 \div 3 = 6$	66	$32 \div 4 = 8$
47	$10 \div 5 = 2$	67	$24 \div 8 = 3$
48	$18 \div 6 = 3$	68	$16 \div 4 = 4$
49	$24 \div 3 = 8$	69	$18 \div 9 = 2$
50	$21 \div 3 = 7$	70	$30 \div 5 = 6$
51	$24 \div 2 = 12$	71	$36 \div 6 = 6$
52	$16 \div 8 = 2$	72	$12 \div 4 = 3$
53	$15 \div 3 = 5$	73	$18 \div 6 = 3$
54	$20 \div 5 = 4$	74	$24 \div 6 = 4$
55	$15 \div 5 = 3$	75	$27 \div 9 = 3$
56	$24 \div 6 = 4$	76	$15 \div 5 = 3$
57	$14 \div 2 = 7$	77	$30 \div 6 = 5$

78	$12 \div 6 = 2$	98	$15 \div 5 = 3$
79	$9 \div 9 = 1$	99	$25 \div 5 = 5$
80	$32 \div 8 = 4$	100	$12 \div 6 = 2$
81	$35 \div 5 = 7$	101	$32 \div 4 = 8$
82	$36 \div 9 = 4$	102	$30 \div 6 = 5$
83	$8 \div 4 = 2$	103	$32 \div 8 = 4$
84	$28 \div 7 = 4$	104	$14 \div 7 = 2$
85	$36 \div 4 = 9$	105	$18 \div 6 = 3$
86	$10 \div 5 = 2$	106	$48 \div 4 = 12$
87	$16 \div 8 = 2$	107	$40 \div 4 = 10$
88	$20 \div 4 = 5$	108	$30 \div 5 = 6$
89	$24 \div 4 = 6$	109	$36 \div 6 = 6$
90	$35 \div 7 = 5$	110	$48 \div 6 = 8$
91	$14 \div 7 = 2$	111	$60 \div 5 = 12$
92	$25 \div 5 = 5$	112	$54 \div 6 = 9$
93	$20 \div 5 = 4$	113	$24 \div 8 = 3$
94	$24 \div 6 = 4$	114	$35 \div 7 = 5$
95	$16 \div 4 = 4$	115	$42 \div 7 = 6$
96	$64 \div 8 = 8$	116	$16 \div 8 = 2$
97	$40 \div 8 = 5$	117	$35 \div 5 = 7$

118	20 ÷ 5 = 4	138	35 ÷ 7 = 5
119	42 ÷ 6 = 7	139	81 ÷ 9 = 9
120	50 ÷ 5 = 10	140	88 ÷ 8 = 11
121	21 ÷ 7 = 3	141	64 ÷ 8 = 8
122	56 ÷ 8 = 7	142	56 ÷ 8 = 7
123	49 ÷ 7 = 7	143	80 ÷ 8 = 10
124	36 ÷ 4 = 9	144	36 ÷ 9 = 4
125	24 ÷ 4 = 6	145	80 ÷ 10 = 8
126	44 ÷ 4 = 11	146	72 ÷ 6 = 12
127	20 ÷ 4 = 5	147	72 ÷ 9 = 8
128	28 ÷ 4 = 7	148	56 ÷ 7 = 8
129	48 ÷ 8 = 6	149	63 ÷ 7 = 9
130	40 ÷ 5 = 8	150	50 ÷ 10 = 5
131	60 ÷ 6 = 10	151	99 ÷ 9 = 11
132	28 ÷ 7 = 4	152	90 ÷ 10 = 9
133	45 ÷ 5 = 9	153	40 ÷ 10 = 4
134	55 ÷ 5 = 11	154	60 ÷ 6 = 10
135	12 ÷ 4 = 3	155	96 ÷ 8 = 12
136	63 ÷ 7 = 9	156	72 ÷ 8 = 9
137	56 ÷ 7 = 8	157	36 ÷ 6 = 6

158	84 ÷ 7 = 12		178	54 ÷ 9 = 6
159	48 ÷ 8 = 6		179	63 ÷ 9 = 7
160	60 ÷ 10 = 6		180	45 ÷ 9 = 5
161	42 ÷ 7 = 6		181	77 ÷ 7 = 11
162	54 ÷ 6 = 9		182	36 ÷ 6 = 6
163	70 ÷ 7 = 10		183	48 ÷ 8 = 6
164	49 ÷ 7 = 7		184	80 ÷ 8 = 10
165	45 ÷ 9 = 5		185	44 ÷ 4 = 11
166	32 ÷ 8 = 4		186	49 ÷ 7 = 7
167	77 ÷ 7 = 11		187	42 ÷ 6 = 7
168	42 ÷ 6 = 7		188	72 ÷ 9 = 8
169	30 ÷ 6 = 5		189	100 ÷ 10 = 10
170	100 ÷ 10 = 10		190	64 ÷ 8 = 8
171	63 ÷ 9 = 7		191	56 ÷ 7 = 8
172	40 ÷ 8 = 5		192	72 ÷ 8 = 9
173	66 ÷ 6 = 11		193	81 ÷ 9 = 9
174	30 ÷ 10 = 3		194	32 ÷ 8 = 4
175	48 ÷ 6 = 8		195	84 ÷ 7 = 12
176	70 ÷ 10 = 7		196	99 ÷ 9 = 11
177	90 ÷ 9 = 10		197	70 ÷ 10 = 7

198	$32 \div 4 = 8$	218	$36 \div 9 = 4$
199	$110 \div 10 = 11$	219	$30 \div 5 = 6$
200	$35 \div 7 = 5$	220	$30 \div 6 = 5$
201	$66 \div 6 = 11$	221	$63 \div 7 = 9$
202	$84 \div 4 = 21$	222	$96 \div 8 = 12$
203	$60 \div 10 = 6$	223	$24 \div 6 = 4$
204	$95 \div 5 = 19$	224	$48 \div 4 = 12$
205	$40 \div 8 = 5$	225	$40 \div 10 = 4$
206	$28 \div 4 = 7$	226	$40 \div 4 = 10$
207	$50 \div 10 = 5$	227	$60 \div 6 = 10$
208	$108 \div 9 = 12$	228	$54 \div 9 = 6$
209	$70 \div 7 = 10$	229	$60 \div 5 = 12$
210	$25 \div 5 = 5$	230	$35 \div 5 = 7$
211	$90 \div 10 = 9$	231	$72 \div 6 = 12$
212	$24 \div 8 = 3$	232	$90 \div 9 = 10$
213	$27 \div 9 = 3$	233	$28 \div 7 = 4$
214	$80 \div 10 = 8$	234	$24 \div 4 = 6$
215	$30 \div 10 = 3$	235	$56 \div 8 = 7$
216	$55 \div 5 = 11$	236	$54 \div 6 = 9$
217	$50 \div 5 = 10$	237	$42 \div 7 = 6$

238	$88 \div 8 = 11$	258	$84 \div 7 = 12$
239	$36 \div 4 = 9$	259	$121 \div 11 = 11$
240	$45 \div 5 = 9$	260	$77 \div 7 = 11$
241	$48 \div 6 = 8$	261	$42 \div 7 = 6$
242	$40 \div 5 = 8$	262	$50 \div 10 = 5$
243	$81 \div 9 = 9$	263	$108 \div 9 = 12$
244	$56 \div 7 = 8$	264	$96 \div 12 = 8$
245	$90 \div 10 = 9$	265	$77 \div 11 = 7$
246	$110 \div 10 = 11$	266	$60 \div 10 = 6$
247	$72 \div 9 = 8$	267	$63 \div 9 = 7$
248	$40 \div 10 = 4$	268	$48 \div 8 = 6$
249	$42 \div 6 = 7$	269	$84 \div 12 = 7$
250	$60 \div 12 = 5$	270	$36 \div 6 = 6$
251	$54 \div 9 = 6$	271	$48 \div 12 = 4$
252	$48 \div 6 = 8$	272	$120 \div 10 = 12$
253	$110 \div 11 = 10$	273	$88 \div 8 = 11$
254	$72 \div 8 = 9$	274	$70 \div 10 = 7$
255	$45 \div 9 = 5$	275	$36 \div 9 = 4$
256	$96 \div 8 = 12$	276	$64 \div 8 = 8$
257	$60 \div 6 = 10$	277	$100 \div 10 = 10$

278	$132 \div 11 = 12$		298	$44 \div 11 = 4$
279	$72 \div 12 = 6$		299	$36 \div 12 = 3$
280	$132 \div 12 = 11$		300	$56 \div 8 = 7$
281	$90 \div 9 = 10$		301	$108 \div 12 = 9$
282	$66 \div 11 = 6$			
283	$55 \div 11 = 5$			
284	$99 \div 11 = 9$			
285	$140 \div 7 = 20$			
286	$70 \div 7 = 10$			
287	$80 \div 10 = 8$			
288	$99 \div 9 = 11$			
289	$40 \div 8 = 5$			
290	$120 \div 12 = 10$			
291	$72 \div 6 = 12$			
292	$54 \div 6 = 9$			
293	$49 \div 7 = 7$			
294	$88 \div 11 = 8$			
295	$80 \div 8 = 10$			
296	$66 \div 6 = 11$			
297	$144 \div 12 = 12$			